*As-Sabi*السَّبِيل

Grundlagen der arabischen Schrift

As-Sabil السَّبِيل

Praktisches Lehrbuch zum Erlernen der
Arabischen Sprache der Gegenwart

Grundlagen der arabischen Schrift

Dr. Mohamed Badawi

Dr. Christian A. Caroli

Bibliographische Informationen der Deutschen Bibliothek:
Die Deutsche Bibliothek verzeichnet diese Publikation in der Deutschen Nationalbibliographie – detaillierte bibliographische Daten können über die Internetadresse http://dnb.ddb.de abgerufen werden.

1. Auflage 2008

Dr. Mohamed Badawi; Blarerstraße 56; D-78462 Konstanz

Telephon: +49/7531/2843867 – Telefax: +49/7531/8138196

E-Mail: info@badawi.de – Website: http://www.badawi.de

Umschlaggestaltung: Sabine Schanz, www.buero-01.de
Zeichnung: Rahim Latif Ali, Konstanz
Druck und Bindung: www.digitaldruckhaus.de
Phönizischer Zeichensatz: ALPHABETUM Unicode
© by Juan-José Marcos Garcia, Plasencia, Spain

ISBN 13: 978-9-938828-17-5

Inhaltsverzeichnis

A) Grundlagen der arabischen Schrift

I.) Allgemeiner Charakter der arabischen Schrift

a) Lauttechnische Grundlagen

Bei der arabischen Schrift handelt es sich im wesentlichen um eine *Konsonantenschrift*. Dies bedeutet, daß hauptsächlich nur die *Konsonanten* (Mitlaute) geschrieben werden. Zusätzlich können noch weitere Buchstaben mit einem Lautwert, der neben seinem konsonantischen Wert auch zu einem vokalischen Wert hintendiert, die sogenannten *Halbvokale*, einen vokalischen Wert annehmen (s. S. 17). Dabei übernehmen sie in der Regel die Funktion von langen Vokalen oder Diphthongen (Doppellauten). Kurze Vokale werden nur in Verbindung mit Anlauten geschrieben.
Das arabische Alphabet beinhaltet 28 verschiedene Buchstaben (s. S. 9). Einige von diesen nehmen dabei Lautwerte an, die in der deutschen Sprache, bisweilen auch in allen anderen gängigen europäischen Sprachen unbekannt sind. Sie können daher dem Lernenden der arabischen Sprache nur mittels einer Ausspracheanleitung und des Vorsprechens eines in der arabischen Sprache Erfahrenen vermittelt werden.
Neben den 28 regulären Buchstaben werden bisweilen noch weitere Sonderbuchstaben zur Schreibung nichtarabischer Namen mit im arabischen Alphabet nicht vorkommenden Konsonanten wie z.B. dem *p* verwendet, die jedoch in diesem Buch lediglich im Anhang aufgelistet werden (s. S. 158), da z.B. auch ins Arabische übernommene Fremdwörter an den arabischen Lautbestand angepaßt worden sind und ausländische Eigennamen im Alltagsgebrauch oft umgeformt werden (z.B.: *Peter* → *Bītar*).
In der arabischen Sprache entspricht wie im Deutschen ein Zeichen immer einem bestimmten Lautwert. Lediglich die sogenannten *Halbvokale* können verschiedene Lautwerte annehmen.

b) Schrifttechnische Grundlagen

In Verbindung mit anderen Buchstaben im Text kann ein Buchstabe vier verschiedene Formen annehmen. Diese hängen im wesentlichen von der Stellung des Buchstabens im Wort ab. Dabei werden folgende Positionen unterschieden:

- der Buchstabe befindet sich in *isolierter* Stellung (zugleich auch die *Grundform* des Buchstabens)
- der Buchstabe befindet sich am *Anfang* eines Wortes
- der Buchstabe befindet sich in der *Mitte* eines Wortes
- der Buchstabe befindet sich am *Ende* eines Wortes

Bestimmte Buchstaben können nur nach rechts verbunden werden. Bei ihnen entspricht die Form für die Anfangsstellung der der isolierten Stellung und die Form der Mittelstellung der der Endstellung. Folgt innerhalb desselben Wortes ein weiterer Buchstabe, so muß der folgende in seiner Form für die Anfangsstellung bzw. isolierte Stellung angereiht werden, ohne daß beide Buchstaben miteinander verbunden werden.

In der arabischen Schrift, auch in der gedruckten Form, werden sehr gerne zahlreiche *Ligaturen* (Verschmelzungen von mehreren Buchstaben in ein neues Zeichen) verwendet (z.B.: ج + ب + ن → جبن). In den arabischen Ländern werden diese oftmals gegenüber der reinen Aneinanderreihung der regulären Buchstabenformen bevorzugt, erschweren aber für den in der arabischen Schrift weniger Geübten die Lesbarkeit der Texte erheblich. Bis auf eine einzige, die praktisch nicht umgangen werden kann (s. S. 15), können diese zumindest im aktiven Gebrauch der arabischen Schrift ignoriert werden.

Da die arabische Schrift zur Kennzeichnung der 28 Buchstaben des Alphabets nur 18 verschiedene Formen benutzt, die in der Anfangs- und Mittelstellung sogar auf 15 reduziert werden, müssen bisweilen die verschiedenen Buchstaben, die auf derselben Form basieren, durch das Hinzusetzen von bis zu drei Punkten voneinander unterschieden werden, die je nach Buchstabe ober- oder unterhalb angebracht werden (z.B.: ب – *b* und ت – *t*). Diese Punkte müssen grundsätzlich in richtiger Anzahl und Position gesetzt werden, da sonst ein Text auch für Araber praktisch unlesbar wird.

II.) Das arabische Alphabet und seine Laute

a) Die Lautwerte des arabischen Alphabets

Name	Trans-literation	Beschreibung des Lautes
hamza	›	ein Laut, der beim Lösen des Verschlusses der Stimmritze entsteht und in der deutschen Sprache bei jeder Silbe, die mit einem Vokal beginnt, mit ausgesprochen wird wie in *es*, *ist*, *Amt*; kommt häufig in Kombination mit Halbvokalen vor (s. S. 21, genauer S. 155)
alif	*a*	stimmhaftes, d.h. mit Bewegung der Stimmbänder ausgelöstes *a* wie im deutschen Wort *Bad*; dient in der Wortmitte und am Wortende als Zeichen für ein langes *ā* (s. S. 17), am Wortanfang dagegen als Träger für jeden Vokal, ob kurz oder lang (s. S. 19)
bā›	*b*	stimmhaftes *b*, d.h. mit Bewegung der Stimmbänder, wie im deutschen Wort *Bad*
tā›	*t*	stimmloses *t*, wie in *Tat*
ṯā›	*ṯ*	entspricht dem englischen stimmlosen *th* wie in *thing*; wird deswegen bisweilen (vor allem bei Eigennamen) als *th* umschrieben
ǧīm	*ǧ*	stimmhaftes *dsch* wie im Englischen in *gentelman*
ḥā›	*ḥ*	stimmloser pharyngaler Reibelaut; wird gebildet, indem der hintere Zungenrücken nach hinten verlagert wird; ohne Entsprechung in den europäischen Sprachen
ḫā›	*ḫ*	stimmloser Laut, etwa wie in *Nacht*, aber mit mehr Intensität, d.h. mehr Velarisierung; oft umschrieben als *kh* (z.B. in Eigennamen wie *Khaled*)
dāl	*d*	stimmhaftes *d* wie im deutschen Wort *Dieb*

ḏāl	*ḏ*	entspricht dem englischen stimmhaften *th* wie in *then*; wird bisweilen (vor allem bei Eigennamen) als *dh* umschrieben
rā›	*r*	stimmloses vibrantes *r* (gerolltes Zungen-*r*) wie im fränkischen Wort *Rosa*
zain	*z*	stimmhafter *s*-Laut wie im Deutschen *Rasen* bzw. im Französischen *zone*
sīn	*s*	stimmloses *s* wie im Deutschen *Spaß* oder im Französischen *cinéma*
šīn	*š*	stimmloses *sch* wie im Deutschen *Schluß* oder *anschauen*; wird bisweilen (vor allem bei Eigennamen) entsprechend der englischen Schreibung als *sh* umschrieben; *Sonnenbuchstabe*
ṣād	*ṣ*	dunkles und dumpfes stimmloses *s*, das als *emphatisch* bezeichnet wird; bei korrekter Aussprache ändert sich die Klangsfarbe der Nachbarvokale wie in der bairischen Mundart bei *sag' mal* oder *was?*; besitzt im Hochdeutschen keine Entsprechung
ḍād	*ḍ*	dunkles und dumpfes stimmhaftes *d*; wird als *emphatisch* bezeichnet; bei korrekter Aussprache verändert sich die Klangfarbe benachbarter Vokale
ṭā›	*ṭ*	dunkles und dumpfes stimmloses *t*; wird als *emphatisch* bezeichnet; bei korrekter Aussprache verändert sich die Klangfarbe benachbarter Vokale
ẓā›	*ẓ*	dunkles und dumpfes stimmhaftes *s*; wird als *emphatisch* bezeichnet; bei korrekter Aussprache verändert sich die Klangfarbe benachbarter Vokale

‹ain	*‹*	ein tief im hinteren Rachen (Schlund) gebildeter Reibelaut, der durch kräftiges Zusammendrücken der Stimmritze entsteht; rein semitscher Laut ohne Entsprechung im europäischen Sprachraum
ġain	*ġ*	ein velares *r* wie im französischen Wort *Paris*; entspricht dem im Hochdeutschen üblichen Rachen-*r*; wird bisweilen (vor allem bei Eigennamen) als *gh* umschrieben
fā›	*f*	ein labiodentales *f* wie im deutschen *Fahrrad* oder *Faust*
qāf	*q*	gepreßter, zwischen hinterem Zungenrücken und hinterem weichen Gaumen gebildeter stimmloser (*k*-ähnlicher) Verschlußlaut
kāf	*k*	stimmloses *k* wie im französischen Wort *lac* (nicht so stark wie das deutsche *k* in *Kalk*)
lām	*l*	stimmloses *l* wie im deutschen Wort *Lamm*
mīm	*m*	stimmhaftes und nasales *m* wie im deutschen Wort *Musik*
nūn	*n*	stimmhaftes und nasales *n* wie im deutschen Wort *nun*
hā›	*h*	aspiriertes stimmloses *h* wie im Deutschen *haben*, *Hafen* oder *hacken*

tā›-marbūṭa	*a / t*	diese Sonderform des ه (*hā›*) wird lediglich als Endung benutzt; normalerweise markiert sie den Singular des Femininum; bleibt sie unvokalisiert und steht nicht in einer Genitivverbindung als vorderes Glied, so wird sie als *a* ausgesprochen; sonst muß sie als *t* ausgesprochen werden; werden weitere Buchstaben, ein *Suffix*, angehängt, so wird das *tā›-marbūṭa* durch ein ت (*tā›*) ersetzt; diese Nähe zum ت (*tā›*) begründet auch die beiden Punkte und den Namen des Buchstabens
wāw	*w*	*Halbvokal* • wird als halbvokalisches *w* wie im englischen *wow* benutzt • dient als Träger von Vokalen und Diphthongen (s. S. 17)
yā›	*y*	*Halbvokal* • wird als stimmloses *j* wie in *jammern* benutzt • dient als Träger von Vokalen und Diphthongen (s. S. 17)

b) Die Schriftzeichen des arabischen Alphabets

1.) Das reguläre Alphabet und seine Schriftzeichen

Gegenüber den europäischen, aber auch den anderen semitischen Alphabeten zeichnet sich das arabische Alphabet dadurch aus, daß es von diesen in seiner Anordnung der Buchstaben sehr stark abweicht.

Es ist jedoch möglich gewisse Regelmäßigkeiten zu erkennen. Einige davon sollen hier auch genannt werden, jedoch nicht alle, da einige die Kenntnis zumindest des griechischen, wenn nicht gar anderer semitischer Alphabete voraussetzen.

Historisch bedingt ist die Gruppierung von Buchstaben, die in der isolierten Position die gleiche Grundform besitzen, da die Punkte erst später zur Unterscheidung der einzelnen Lautwerte eingeführt worden waren. Dabei werden zuerst die Varianten mit Punkten unterhalb der Grundlinie, danach die ohne Punkte und schließlich die mit Punkten oberhalb der Grundlinie aufgezählt. Innerhalb dieser Untergruppen stehen die Zeichen mit weniger Punkten vor denen mit mehr.

Die Anordnung der Grundformen kann man teilweise damit erklären, daß ein Buchstabe aus der einen Gruppe im allgemeinen Schema der europäischen und semitischen Alphabete hinter einem der voranstehenden Gruppe folgt. So folgt auf ا (*alif*) die Gruppe mit ب (*bā›*), danach die mit ج (*ǧīm*) und die mit د (*dāl*) (vgl. das hebräische oder das griechische Alphabet, das lateinische *C* hatte ursprünglich auch die Funktion eines *G*, bevor dieses als eigener Buchstabe an neuer Position eingeführt wurde).

Name	**Trans-literation**	**Form des Buchstabens bei folgenden Stellungen**				**Tabelle in Teil B**
		Isoliert	**Ende**	**Mitte**	**Anfang**	
alif	*a*	ا	ـا	ـا*	ا*	1a, b
bā›	*b*	ب	ـب	ـبـ	بـ	2
tā›	*t*	ت	ـت	ـتـ	تـ	3
ṯā›	*ṯ*	ث	ـث	ـثـ	ثـ	4
ǧīm	*ǧ*	ج	ـج	ـجـ	جـ	5
ḥā›	*ḥ*	ح	ـح	ـحـ	حـ	6
ḫā›	*ḫ*	خ	ـخ	ـخـ	خـ	7
dāl	*d*	د	ـد	ـد*	د*	9
ḏāl	*ḏ*	ذ	ـذ	ـذ*	ذ*	9
rā›	*r*	ر	ـر	ـر*	ر*	10
zain	*z*	ز	ـز	ـز*	ز*	10
sīn	*s*	س	ـس	ـسـ	سـ	11
šīn	*š*	ش	ـش	ـشـ	شـ	12
ṣād	*ṣ*	ص	ـص	ـصـ	صـ	13
ḍād	*ḍ*	ض	ـض	ـضـ	ضـ	14
ṭā›	*ṭ*	ط	ـط	ـطـ	طـ	16

ẓā›	*ẓ*	ظ	ـظ	ـظـ	ظـ	17
‹ain	*‹*	ع	ـع	ـعـ	عـ	18
ġain	*ġ*	غ	ـغ	ـغـ	غـ	19
fā›	*f*	ف	ـف	ـفـ	فـ	20
qāf	*q*	ق	ـق	ـقـ	قـ	21
kāf	*k*	ك	ـك	ـكـ	كـ	23
lām	*l*	ل	ـل	ـلـ	لـ	24
mīm	*m*	م	ـم	ـمـ	مـ	25
nūn	*n*	ن	ـن	ـنـ	نـ	26
hā›	*h*	ه	ـه	ـهـ	هـ	27
wāw	*w*	و	ـو	ـو*	و*	28
yā›	*y*	ي	ـي	ـيـ	يـ	29a, b

* Diese Buchstaben können nur nach rechts verbunden werden. Folgt innerhalb desselben Wortes ein weiterer Buchstabe, so muß der folgende in seiner Form für die Anfangsstellung bzw. isolierte Stellung angereiht werden, ohne daß beide Buchstaben miteinander verbunden werden (z.B.: ـا + بـ → ـابـ).

2.) Zusatzzeichen konsonantischen Charakters

Hinzu kommen noch zwei Zusatzzeichen konsonantischen Charakters, die nicht direkt zum Alphabet gehören, jedoch zumindest teilweise den Charakter von Schriftzeichen besitzen, nämlich das ة (*tā›-marbūṭa*) als Sonderform des ه (*hā›*), die nur für Wortendungen benutzt wird (s. S. 12), und das ء (*hamza*) als interlineares Zusatzzeichen, das aber auch gelegentlich ohne Trägerbuchstaben vorkommen kann (s. S. 21, genauer S. 155):

Name	Trans-literation	Form des Buchstabens bei folgenden Stellungen				Tabelle in Teil B
		Isoliert	Ende	Mitte	Anfang	
hamza	*›*	ء	ء	ء		31

tāʾ-marbūṭa	*a / t*	ة	ـة		31

3.) Die Verbindung von ل (lām) und ا (alif) im Schriftbild

Für die Verbindung von ل (*lām*) und ا (*alif*) wird nahezu immer eine besondere *Ligatur* (optische Verschmelzung zu einem neuen Buchstaben) benutzt. Sie muß daher von Anfang an erlernt werden.

Kombination	Transliteration	Form der Ligatur bei folgenden Stellungen				Tabelle in Teil B
		Isoliert	Ende	Mitte	Anfang	
ل + ا *l* + *ā* (*a*)	*lā* (*la*)	لا	ـلا	ـلا	لا	32a, b

Weitere gängige Ligaturen werden zwecks passiver Wiedererkennung im Anhang aufgeführt (s. S. 153).

III.) Vokale, Halbvokale und interlineare Zusatzzeichen

a) Die Vokalzeichen

1.) Die einfachen Kurzvokale

Das *Neuhocharabische* kennt nur die drei Vokale (Selbstlaute) *a*, *i* und *u*, die jeweils in einer kurzen und einer langen Variante vorkommen. Die kurzen Vokale erhalten dabei in der Regel keine eigenen Buchstaben.
Im arabischen Alltagsgebrauch erkennt der Leser eines Textes die richtige Aussprache der kurzen Vokale an der Verteilung der Konsonanten, Anlaute und langen Vokale innerhalb eines Wortes und am Sinn des Textes, d.h. die Texte z.B. in einem Buch oder in einer Zeitung pflegen *unvokalisiert* zu sein.

Allerdings besitzt die arabische Schrift auch ein normiertes Hilfssystem zur Markierung der Vokalisation in Form von kleinen *interlinearen* Symbolen, die über und unter den Konsonanten angebracht werden. Dabei stehen diese immer bei dem Buchstaben, auf den der entsprechende Vokal in der Aussprache folgt. Auf keinen Fall können sie als eigene Buchstaben ohne Trägerkonsonant benutzt werden!

Name	Trans-literation	Zeichen	Beschreibung des Lautes	Beispiel
fatḥa	*a*	ـَـ	bezeichnet ein kurzes *a*, wie im deutschen Wort *am*	بَ *ba*
kasra	*i*	ـِـ	bezeichnet ein kurzes *i*, wie im deutschen Wort *in*	بِ *bi*
ḍamma	*u*	ـُـ	bezeichnet ein kurzes *u*, wie im deutschen Wort *um*	بُ *bu*
sukūn		ـْـ	*sukūn* bedeutet *Ruhe*, d.h. diejenigen Konsonanten, die mit *sukūn* gekennzeichnet sind, haben keinen Vokal bei sich	بْ *b*

Der *sukūn* wird normalerweise am Wortende nicht gesetzt. Des weiteren steht er aus lautgesetzlichen Gründen normalerweise nur auf Konsonanten, denen eine Silbe mit Vokal vorangeht.

2.) Die erweiterten Kurzvokale mit -n

Zu den normalen Kurzvokalen gibt es jeweils noch eine weitere Variante, die jedoch nur am Wortende stehen kann. Zeichentechnisch handelt es sich dabei mehr oder minder um Verdoppelungen der jeweiligen Symbole. Zu ihrem Lautwert wird dabei ein *-n* hinzugefügt. Diese Vokalisierungszeichen werden hauptsächlich zur als *Nunation* bezeichneten Deklination (Beugung), die aber nur bei besonders formellen Anlässen verwendet wird, aber auch z.B. zur Bildung von Adverbien benutzt.

Name	Transliteration	Zeichen	Beispiel
fatḥatān	*an*	ـً	(s. S. 19)
kasratān	*in*	ـٍ	*-bin* – ـبٍ
ḍammatān	*un*	ـٌ	*-bun* – ـبٌ

b) Die Konsonantenverdoppelung

Folgt in der arabischen Sprache einem Konsonanten ein- und derselbe Konsonant ohne Zwischenvokal, so wird er grundsätzlich nur einmal geschrieben. Die Verdoppelung wird lediglich in vokalisierten Texten durch ein weiteres *interlineares* Zeichen, den *šadda* (ـّـ), signalisiert. Er kann mit der früher gelegentlich verwendeten deutschen Schreibvariante eines Striches über dem zu verdoppelnden Konsonanten verglichen werden. In der Umschrift wird der entsprechende Konsonant wie in den indoeuropäischen Sprachen üblich doppelt geschrieben.
Die Zeichen für die auf die Verdoppelung folgenden Vokale werden unmittelbar zum *šadda* gesetzt. Folgt der Verdoppelung ein weiterer Konsonant, so kann ihr kein *sukūn* folgen. Außerdem kann eine Verdoppelung niemals am Wortanfang stehen oder einem Konsonanten ohne Vokal folgen.

بَبَّ	بِبِّ	بُبُّ
babba	*bibbi*	*bubbu*

c) Der vokalische Aspekt der Halbvokale

1.) Lange Vokale in der Mitte und am Ende eines Wortes

Neben den drei kurzen Vokalen *a*, *i* und *u* gibt es in der arabischen Sprache noch zu jedem von diesen eine lange Variante (*ā*, *ī*, und *ū*). Im Schriftbild werden diese in der Mitte und am Ende eines Wortes durch die Schreibung von Halbvokalen (ا

(*alif*), ي (*yāʾ*) bzw. و (*wāw*)) an der betreffenden Stelle angezeigt. Dabei wird jedem Vokal ein bestimmter Halbvokal zugeordnet, nämlich ا (*alif*) für *ā*, ي (*yāʾ*) für *ī* und و (*wāw*) für *ū*.

Bei vokalisierten Texten wird der vorangehende Konsonant mit dem Zeichen des entsprechenden Kurzvokals versehen, während der Halbvokal, der die Länge kennzeichnen soll, kein Vokalisationszeichen erhält.

Transliteration	Zeichen	Beispiel
ā	ـَا	*bā* – بَا
ī	ـِي	*bī* – بِي
ū	ـُو	*bū* – بُو

Soll ein ي (*yāʾ*) bzw. و (*wāw*) dagegen als Konsonant ausgesprochen werden, so erhält er in vokalisierten Texten wie ein gewöhnlicher Konsonant ein Vokalisationszeichen wie z.B. *hiwāya* – هِوَايَة (Hobby).

2.) Das alif maqṣūrā (Enten-alif)

Am Wortende kann ein langes *ā* statt durch ein ا (*alif*) durch eine spezielle Form des ي (*yāʾ*), nämlich das *alif maqṣūrā* (Enten-*alif*; ـَى) markiert werden. Diese Variante des ي (*yāʾ*) erhält grundsätzlich keine Punkte. Allerdings bedeutet dies nicht, daß jedes ي (*yāʾ*) ohne Punkte ein *alif maqṣūrā* darstellt, da in manchen Regionen (v.a. Ägypten und Sudan) jedes ي (*yāʾ*) am Wortende ohne Punkte geschrieben wird.*

Wann ein langes *ā* am Wortende durch ein *alif maqṣūrā* ausgedrückt wird und wann durch andere Schreibvarianten, ist *lexikalisch* bedingt, d.h. hängt vom jeweiligen Wort ab. Am häufigsten kommt es bei weiblichen Namen, aber auch bei einigen Präpositionen und Formen bestimmter Verben vor.

Typ	Beispiele	
Frauennamen	*Laylā* – لَيْلَى	*Munā* – مُنَى

* Die Schreibübung für das *alif maqṣūrā* befindet sich im Teil B in der Übung 33 (S. 146).

Präpositionen	*ilā* – إِلَى

3.) Die Endung -an

Im Zusammenhang mit den *erweiterten Kurzvokalen* auf *-n* steht auch die Endung *-an*, die in den meisten Fällen mit ا (*alif*) geschrieben wird und somit schrifttechnisch in die Reihe der Langvokale fällt. Dabei wird nach dem Buchstaben, der die *fatḥatān* (ـً) trägt, noch ein ا (*alif*) angefügt, das aber in der Aussprache nicht extra ausgesprochen werden darf.
Außerhalb des Bereiches der Nunationsendungen besteht ihre Hauptfunktion in der Kennzeichnung von *Adverbien* (Umstandsworten) wie z.B. *šukran* – شُكْرًا (danke).

Transliteration	Zeichen	Beispiel
-an	ـًا	*ban* – بًا

4.) Die Diphthonge (Doppellaute)

Die Halbvokale و (*wāw*) und ي (*yā›*) können auch zur Markierung von *Diphtongen* (Doppellauten) dienen. In vokalisierten Texten erhält dabei der Konsonant vor dem Halbvokal ein *fatḥa* (ـَ), während der Halbvokal selber mit einem *sukūn* (ـْ) versehen wird. Somit ergeben sich folgende Möglichkeiten für

Transliteration	Zeichen	Beispiel
-aw (zu sprechen als: *-au*)	ـَوْ	*yawm* – يَوْم (Tag)
-ay (zu sprechen als: *-ai*)	ـَيْ	*laylā* – لَيْلَى (Nacht)

5.) ا (alif) als Vokalträger am Wortanfang

Am Wortanfang übernimmt das ا (*alif*) die Funktion eines reinen *Vokalträgers*. Wenn ein Wort mit einem Vokal oder einem Diphthong beginnen soll, wird an

Stelle eines Konsonanten, der sonst einem Vokal in der Wortmitte oder am Wortende vorangeht, ein ا (*alif*) gesetzt. Dieses dient in vokalisierten Texten auch als Träger des Vokalzeichens.

Ein ا (*alif*) am Wortanfang wird in der Regel mit Knacklaut ausgesprochen und dementsprechend mit einem ء (*hamza*) versehen, das in der Relation zum ا (*alif*) immer in derselben Position steht wie das in vokalisierten Texten jeweils verwendete Vokalzeichen, also bei *a* und *u* oberhalb (أ) und bei *i* unterhalb (إ), wobei bei *i* das *kasra* (ـِـ) in der Regel zugunsten des in entsprechender Position gesetzten ء (*hamza*) ausfällt. Dabei ist zu beachten, daß das *hamza* auch in unvokalisierten Texten gesetzt wird. Es gibt allerdings auch einige wenige Ausnamen, bei denen das ا (*alif*) am Wortanfang ohne Knacklaut steht, so daß diese Wörter mit weichem Stimmeinsatz zu sprechen sind, wie z.B. *ibn* – اِبْن (Sohn) und *ism* – اِسْم (Name), aber auch manchen Vorsilben zur Form- und Wortbildung.

In der Umschrift wird ein ء (*hamza*) am Wortanfang in der Regel nicht angegeben. Soll der Vokal am Wortanfang kurz sein, so wird lediglich ein ا (*alif*) gesetzt, das bei vokalisierten Texten noch sein Vokalzeichen erhält.

Transliteration	Zeichen	Beispiel
a	أَ	*ab* – أَب (Vater)
i	إِ	*imām* – إِمَام (Imam)
u	أُ	*umm* – أُمّ (Mutter)

Soll am Wortanfang dagegen ein langer Vokal oder ein Diphthong stehen, so folgt dem ا (*alif*) derjenige Halbvokal, der auch in der Wortmitte oder am Wortende stehen würde.

Transliteration	Zeichen	Beispiel
ī	إِي	*īmān* – إِيْمَان (Glaube)
ū	أُو	*ūrubbā* – أُورُبَّا (Europa)
aw	أَوْ	*aw* – أَو (oder)
ay	أَيْ	*ayna* – أَيْنَ (wo)

Soll dagegen ein Wort mit langem *ā* beginnen, so erhält das ا (*alif*) statt einem ء (*hamza*) ein *madda* und wird آ geschrieben. Aufgrund der lautlichen Eindeutigkeit wird auch in vokalisierten Texten kein *fatḥa* (ـَـ) hinzugefügt.

Transliteration	Zeichen	Beispiel
ā	آ	*āḫir* – آخِر (Ende)

Ein *alif* mit *madda* (آ) kommt aber vor allem dann vor, wenn zwei ا (*alif*) im Wort direkt aufeinanderfolgen und zumindest das erste von beiden ein *hamza* (ء) trägt.

6.) hamzat al-waṣl (Das Verbindungs-hamza)

Bei einigen Wörtern, die mit ا (*alif*) beginnen, fällt in der Satzmitte der Stimmansatz, das ء (*hamza*), aus. Statt dessen wird ein *hamzat waṣl* (Verbindungs-*hamza*) über dem ا (*alif*) gesetzt (ٱ), das jedoch in der Regel nicht im Schriftbild erscheint, wie auch am Satzanfang und in den Vokabellisten kein ء (*hamza*) über dem ا (*alif*) gesetzt wird.
In der Aussprache bringt dieses Phänomen mit sich, daß das entsprechende ا (*alif*) am Wortanfang nicht ausgesprochen wird, wenn das vorangehende Wort mit einem Vokal endet. Endet dabei das vorangehende Wort mit einem langen Vokal, so wird dieser in der Regel gekürzt ausgesprochen. Im Schriftbild tritt aber bis auf ganz wenige Ausnahmen keine Veränderung ein!

Typ	Einzelwörter	Kombination	Bedeutung
kurzer Vokal	*ǧanba* – جَنْبَ *al-bayt* – الْبَيْت	جَنْبَ الْبَيْت *ǧanba l-bayt*	neben dem Haus
langer Vokal	*fī* – فِي *al-bayt* – الْبَيْت	فِي الْبَيْت *fī l-bayt*	im Haus

*7.) Zur Kenntnisnahme: Sonstige Verwendungen des ء (*hamza*)*

Das ء (*hamza*) als *interlineares Zusatzzeichen* kann, abgesehen von einem ا (*alif*) am Wortanfang, auch auf den Halbvokalen ا (*alif*), و (*wāw*) und ي (*yāʾ*) in der

Mitte oder am Ende eines Wortes stehen, wobei allerdings das ي (*yā›*) grundsätzlich seine Punkte verliert.

Handelt er sich bei dem mit ء (*hamza*) versehenen Halbvokal um den Träger eines Vokales, so signalisiert er den Beginn einer neuen Silbe in der Aussprache (vgl. Be-**am**ter). Bleibt der Halbvokal jedoch unvokalisiert, so wird im heutigen Arabisch der Knacklaut in der Regel nicht mehr ausgesprochen, sondern die vorangehende Silbe wird sprachtechnisch lediglich wie eine mit kurzem Vokal behandelt.

Im Gegensatz zu den ebenfalls interlinearen Vokalzeichen muß das ء (*hamza*) auch in unvokalisierten Texten gesetzt werden.

Gelegentlich, vor allem am Stammende oder als Stammkonsonant bei Verbformen, kann das ء (*hamza*) alleine ohne Träger stehen.

Die Regeln dafür, ob das ء (hamza) mit oder ohne Träger und, wenn mit Träger, mit welchem von den drei möglichen geschrieben wird, sind äußerst komplex. Sie stellen auch für die meisten Araber eine Herausforderung dar, so daß sie erst in einem äußerst späten Stadium behandelt werden sollen. Daher soll es dem Studierenden der arabischen Sprache am Anfang genügen, im Ernstfall dieses Phänomen zu erkennen. Die genaueren Regeln werden für den Bedarfsfall im Anhang des Buches im Detail angeführt (s. S. 155).

Buchstabe		**Beispiele**	
أ	*fa›r* – فَأْر (Mäuse)	*ma›kūlāt* – مَأْكُولَات (Speisen)	*ya›kulu* – يَأْكُلُ (er ißt)
ؤ	*mu›allif* – مُؤَلِّف (Verfasser)	*mu›arrih̬* – مُؤَرِّخ (Historiker)	*lu›lu›* – لُؤْلُؤ (Perlen)
ئ	*mi›atāni* – مِئَتَان (zweihundert)	*fi›rān* – فِئْرَان (Mäuse)	*ǧamā›il* – جَمَائِل (Gefallen (Pl.))
ء	*mā›* – مَاء (Wasser)	*kuramā›* – كُرَمَاء (großzügig (Pl.))	*al-kīmyā›* – الْكِيمْيَاء (Chemie)

IV.) Orthographische Besonderheiten

a) Der Artikel الـ (*al-*)

1.) Der Artikel in der arabischen Sprache

Die Funktion des *bestimmten Artikels* (Geschlechtswortes) wird in der arabischen Sprache durch das *invariable Präfix* (die unveränderliche Vorsilbe) الـ (*al-*) erfüllt. Dies bedeutet, daß in allen *Genera* (Geschlechtern), *Numeri* (Anzahl) und *Kasus* (Fällen) die gleiche Form steht (vergleiche den englischen bestimmten Artikel *the*) und daß diese zudem im Schriftbild mit dem dazugehörigen Wort zusammengeschrieben wird. In der Umschrift pflegt man allerdings den Artikel durch einen Bindestrich von dem dazugehörigen Wort abzusetzen.*

ohne Artikel			mit Artikel		
aḫ	أَخ	ein Bruder	*al-aḫ*	الأَخ	der Bruder
iḫwa	إِخْوَة	Brüder	*al-iḫwa*	الإِخْوَة	die Brüder
uḫt	أُخْت	eine Schwester	*al-uḫt*	الأُخْت	die Schwester
aḫawāt	أَخَوَات	Schwestern	*al-aḫawāt*	الأَخَوَات	die Schwestern

2.) Sonnen- und Mondbuchstaben

Im Zusammenhang mit dem Artikel läßt sich das arabische Alphabet in zwei Gruppen zu je 14 Buchstaben einteilen.

Die eine Gruppe besteht in den sogenannten *Sonnenbuchstaben*, bei denen das ل (*lām*) des Artikels in der Aussprache *assimiliert*, d.h. angeglichen wird. In der Schrift dagegen bleibt das ل (*lām*) erhalten, erhält aber bei vokalisierten Texten kein *sukūn* (ـْـ), während der folgende Buchstabe, an den angeglichen wird, mit

* Eine eigene Form für den in den meisten indoeuropäischen Sprachen üblichen *unbestimmten Artikel* gibt es im Arabischen nicht. Seine arabische Entsprechung besteht schlichtweg darin, daß das betreffende Wort nicht mit dem Artikel الـ (*al-*) versehen wird (vgl. den Artikel im Altgriechischen).

einem *šadda* (ـّـ) versehen wird: *an-nūr* – النُّور. Beginnt das eigentliche Wort mit einem ل (*lām*), so bleiben sowohl das ل (*lām*) des Artikels als auch das des eigentlichen Wortes im Schriftbild erhalten. Im übrigen folgt das Schriftbild dem der restlichen Sonnenbuchstaben: *al-lubnāniyy* – اللُّبْنَانِيّ.
Bei den *Mondbuchstaben* dagegen, der anderen Gruppe, bleibt das ل (*lām*) auch in der Aussprache erhalten. Im Schriftbild wird hierbei in vokalisierten Texten das ل (*lām*) mit einem *sukūn* (ـْـ) versehen: *al-kitāb* – الْكِتَاب.
Die Begriffe für beide Gruppen leiten sich dabei von den beiden arabischen Wörtern *šams* – شَمْس (Sonne) und *qamar* – قَمَر (Mond) ab, die jeweils zu der Gruppe gehören, die nach diesem Wort bezeichnet wird.
Am besten merke man sich die beiden Gruppen, indem man die Sonnenbuchstaben in lautliche Gruppen unterteilt, so daß als Rest dann die Mondbuchstaben übrigbleiben:

Sonnenbuchstaben		Mondbuchstaben	
alle *s*-Laute	ز، س، ش، ص، ظ	der Rest des Alphabets	ا، ب، ج، ح، خ، ع، غ، ف، ق، ك، م، ه، و، ي
alle *t*-Laute	ت، ث، د، ذ، ض، ط		
und außerdem *linarā* – لِنَرَى (damit wir sehen)	ل، ن، ر		

b) Aus einem Konsonanten bestehende Wörter

Es gibt Wörter, die lediglich aus einem Konsonanten bestehen und im Schriftbild nicht gesondert geschrieben, sondern wie der Artikel mit dem nachfolgenden Wort (mitsamt eventuellem Artikel) verbunden werden.
Unter diesen Wörtern bildet die Präposition *li-* – لِـ (für, zu) einen weiteren Sonderfall, da bei ihr das ا (*alif*) eines eventuellen Artikels auch aus dem Schriftbild gestrichen wird.

Wort	Beispiel	
	ohne Artikel	mit Artikel
wa – وَ (und)	*wa-aḫ* – وَأَخ (und ein Bruder)	*wa-l-aḫ* – وَالأَخ (und der Bruder)
bi- – بِ (in)	*bi-maktab* – بِمَكْتَب (in einem Büro)	*bi-l-maktab* – بِالْمَكْتَب (in dem Büro)
li – لِ (für)	*li-uḫt* – لِأُخْت (für eine Schwester)	*li-l-uḫt* – لِلأُخْت (für die Schwester)

V.) Betonungsregeln

Die Betonung innerhalb der einzelnen Wörter folgt in der arabischen Sprache bestimmten *Regeln*, so daß sie beim Lernvokabular nicht gesondert angegeben werden muß. Zugleich erleichtert das Lernen der Vokabeln in korrekter Aussprache und mit richtiger Betonung erheblich die Einprägung der *Orthographie* (Rechtschreibung), da z.B. durch die korrekte Aussprache auch die Position langer und kurzer Vokale wesentlich einfacher erkannt werden kann. Deswegen sollte von Anfang an auf die richtige Aussprache und Betonung der erlernten Vokabeln geachtet werden.

Wie in vielen anderen Sprachen kann auch im Arabischen eine Betonung nur auf einer der letzten drei Silben liegen.

Grundsätzlich liegt die Betonung auf der letzen langen Silbe des Wortes, wenn eine solche im Bereich der letzten drei Silben des Wortes vorkommt. Allerdings kommt dabei die letzte Silbe dafür nur in Betracht, wenn sie *geschlossen* ist, also mit einem Konsonanten endet, wobei ein ء (*hamza*) am Wortende auch als Konsonant zählt.

Beispiel (Betonung durch Fettdruck markiert)	Regel
***ā**-ḫir* – آخِر (Ende)	die vorletzte Silbe ist die letzte lange, so daß sie betont wird

*ǧa-**mīl*** – جَمِيل (schön)	die letzte Silbe ist lang und geschlossen, so daß sie betont wird
*ī-**mān*** – إِيْمَان (Glaube)	die letzte Silbe ist lang und geschlossen, so daß sie betont wird; daß die vorletzte Silbe auch lang ist, spielt keine weitere Rolle mehr
*al-kīm-**yā›*** – الْكِيمْيَاء (Chemie)	die letzte Silbe ist lang und wird durch das ء (*hamza*) geschlossen, so daß sie betont wird
***a**-bī* – أَبِي (mein Vater)	die letzte Silbe ist zwar lang, aber offen, so daß sie nicht betont wird, sondern die vorletzte Silbe

Kann diese Regel mangels langer Silben, die in Frage kämen, nicht angewandt werden, so werden zweisilbige Wörter auf jeden Fall auf der vorletzten also der ersten Silbe betont. Wörter mit mehr als zwei Silben dagegen erhalten dann auf der vorletzten eine Betonung, wenn diese *geschlossen* ist, also mit einem Konsonanten endet, sonst liegt die Betonung auf der drittletzten Silbe.

Beispiel (Betonung durch Fettdruck markiert)	**Regel**
***la**-kin* – لَكِن (aber)	zweisilbiges Wort ohne lange Silben, so daß es auf der vorletzten / ersten Silbe betont wird
*mu-›**al**-lif* – مُؤَلِّف (Verfasser)	die drei letzten Silben sind allesamt kurz und die vorletzte Silbe ist geschlossen (endet mit einem Konsonanten), so daß diese betont wird

*y**a**k-tu-bu* – يَكْتُبُ (er schreibt)	die letzten drei Silben sind allesamt kurz und die vorletzte Silbe ist nicht geschlossen (endet nicht mit einem Konsonanten), so daß die drittletzte betont wird

Werden zu einem Wort Endungen hinzugefügt, so sind diese bei der Zählung der Silben zu berücksichtigen, weswegen sich die Betonung dann gegenüber der Grundform nach hinten verschieben kann. *Die Betonungsregeln müssen also immer auf die aktuelle Form hin angewandt werden, nicht auf die Grundform des Wortes.*

Beispiel (Betonung durch Fettdruck markiert)	**Regel**
*ǧa-**mīl*** – جَمِيل (schön)	die letzte Silbe ist lang und geschlossen, so daß sie betont wird
aber: *ǧa-mī-**lūn*** – جَمِيلُون (schön (Pl.))	die angehängte Endung ist nun als letzte Silbe lang und geschlossen, so daß sich die Betonung auf sie verlagert
***ā**-ḫir* – آخِر (Ende)	die vorletzte Silbe ist die letzte lange, so daß sie betont wird
aber: *ā-**ḫi**-ru-hu* – آخِرُهُ (sein Ende)	durch das Anhängen der Endung bleibt die in der Grundform betonte Silbe zwar immer noch die letzte lange Silbe, aber durch die erhöhte Silbenzahl befindet sie sich nicht mehr innerhalb der letzten drei Silben und kann deswegen nicht mehr betont werden, so daß mangels langer Silben die drittletzte betont wird, da die vorletzte nicht geschlossen ist.

VI.) Satzzeichen und Ziffern

a) Die Zeichensetzung

In der arabischen Sprache werden grundsätzlich dieselben Satzzeichen wie in den meisten europäischen Sprachen verwendet, allerdings grundsätzlich in spiegelverkehrter Form.
Zur Kommasetzung muß außerdem noch angemerkt werden, daß es hierfür keine verbindlichen Regeln gibt. In der Regel wird ein Komma zur Abtrennung zwischen zwei nicht miteinander verbundenen Gliedern einer Aufzählung, zwei unverbundenen Sätzen gleicher Ordnung (z.B. zwei Hauptsätze) und zwischen zwei Sätzen verschiedener Ordnung (z.B. Haupt- und Nebensatz) gesetzt, wobei Relativsätze oftmals nicht durch Komma abgetrennt werden (vgl. die englische Zeichensetzung).

b) Die Hindi-Ziffern

Auch wenn die in Europa üblichen Ziffern in der Regel als *arabische Ziffern* bezeichnet werden, so werden diese jedoch hauptsächlich nur in der westarabischen Region (Westafrika) verwendet. Im ostarabischen Raum konnten sich dagegen schon seit Jahrhunderten die aus Indien stammenden *Hindi-Ziffern* durchsetzen. Auch sie funktionieren nach dem in Europa gängigen Dezimalsystem und werden von links nach rechts geschrieben. Sie lauten:

Arabisch	0	1	2	3	4	5	6	7	8	9
Hindi	٠	١	٢	٣	٤	٥	٦	٧	٨	٩
Tabelle in Teil B	33	33	34	34	34	34	35	35	35	35

B) Schriftübungen

Inhaltsverzeichnis

Die Buchstaben von ط (*ṭā›*) bis ق (*qāf*)

Die Buchstaben von ك (*kāf*) bis ي (*yā›*)

Zusätzliche Buchstaben und die Hindi-Ziffern

Schriftübungen

Übung 1a

Isolierte Position / Anfangsposition				Mittel- / Endposition			
ا				ـا			
ا	ا	ا	ا	ـا	ـا	ـا	ـا
ا	ا	ا	ا	ـا	ـا	ـا	ـا
ا	ا	ا	ا	ـا	ـا	ـا	ـا
ا	ا	ا	ا	ـا	ـا	ـا	ـا
ا	ا	ا	ا	ـا	ـا	ـا	ـا
ا	ا	ا	ا	ـا	ـا	ـا	ـا
ا	ا	ا	ا	ـا	ـا	ـا	ـا

ا (*alif*) ohne ء (*hamza*) und ا (*alif*) mit *madda*

Isolierte Position / Anfangsposition	Mittel- / Endposition
آ	ـآ

آ	آ	آ	آ	ـآ	ـآ	ـآ	ـآ
آ	آ	آ	آ	ـآ	ـآ	ـآ	ـآ
آ	آ	آ	آ	ـآ	ـآ	ـآ	ـآ
آ	آ	آ	آ	ـآ	ـآ	ـآ	ـآ
آ	آ	آ	آ	ـآ	ـآ	ـآ	ـآ
آ	آ	آ	آ	ـآ	ـآ	ـآ	ـآ
آ	آ	آ	آ	ـآ	ـآ	ـآ	ـآ

Schriftübungen

Übung 1b

Isolierte Position / Anfangsposition				Mittel- / Endposition			
أ				ـأ			
أ	أ	أ	أ	ـأ	ـأ	ـأ	ـأ
أ	أ	أ	أ	ـأ	ـأ	ـأ	ـأ
أ	أ	أ	أ	ـأ	ـأ	ـأ	ـأ
أ	أ	أ	أ	ـأ	ـأ	ـأ	ـأ
أ	أ	أ	أ	ـأ	ـأ	ـأ	ـأ
أ	أ	أ	أ	ـأ	ـأ	ـأ	ـأ
أ	أ	أ	أ	ـأ	ـأ	ـأ	ـأ

ا (*alif*) mit ء (*hamza*)

Isolierte Position / Anfangsposition				Mittel- / Endposition			
إ				ـإ			
إ	إ	إ	إ	ـإ	ـإ	ـإ	ـإ
إ	إ	إ	إ	ـإ	ـإ	ـإ	ـإ
إ	إ	إ	إ	ـإ	ـإ	ـإ	ـإ
إ	إ	إ	إ	ـإ	ـإ	ـإ	ـإ
إ	إ	إ	إ	ـإ	ـإ	ـإ	ـإ
إ	إ	إ	إ	ـإ	ـإ	ـإ	ـإ
إ	إ	إ	إ	ـإ	ـإ	ـإ	ـإ

Schriftübungen

Übung 2

Isolierte Position ب				Endposition ـب			
ب	ب	ب	ب	ـب	ـب	ـب	ـب
ب	ب	ب	ب	ـب	ـب	ـب	ـب
ب	ب	ب	ب	ـب	ـب	ـب	ـب
ب	ب	ب	ب	ـب	ـب	ـب	ـب
ب	ب	ب	ب	ـب	ـب	ـب	ـب
ب	ب	ب	ب	ـب	ـب	ـب	ـب
ب	ب	ب	ب	ـب	ـب	ـب	ـب

ب (*bāʾ*)

Mittelposition	Anfangsposition
ـبـ	بـ

ـبـ	ـبـ	ـبـ	ـبـ	بـ	بـ	بـ	بـ
ـبـ	ـبـ	ـبـ	ـبـ	بـ	بـ	بـ	بـ
ـبـ	ـبـ	ـبـ	ـبـ	بـ	بـ	بـ	بـ
ـبـ	ـبـ	ـبـ	ـبـ	بـ	بـ	بـ	بـ
ـبـ	ـبـ	ـبـ	ـبـ	بـ	بـ	بـ	بـ
ـبـ	ـبـ	ـبـ	ـبـ	بـ	بـ	بـ	بـ
ـبـ	ـبـ	ـبـ	ـبـ	بـ	بـ	بـ	بـ

Schriftübungen

Übung 3

Isolierte Position				Endposition			
ت				ـت			
ت	ت	ت	ت	ـت	ـت	ـت	ـت
ت	ت	ت	ت	ـت	ـت	ـت	ـت
ت	ت	ت	ت	ـت	ـت	ـت	ـت
ت	ت	ت	ت	ـت	ـت	ـت	ـت
ت	ت	ت	ت	ـت	ـت	ـت	ـت
ت	ت	ت	ت	ـت	ـت	ـت	ـت
ت	ت	ت	ت	ـت	ـت	ـت	ـت

ت (*tāʾ*)

Mittelposition				Anfangsposition			
ـتـ				تـ			
ـتـ	ـتـ	ـتـ	ـتـ	تـ	تـ	تـ	تـ
ـتـ	ـتـ	ـتـ	ـتـ	تـ	تـ	تـ	تـ
ـتـ	ـتـ	ـتـ	ـتـ	تـ	تـ	تـ	تـ
ـتـ	ـتـ	ـتـ	ـتـ	تـ	تـ	تـ	تـ
ـتـ	ـتـ	ـتـ	ـتـ	تـ	تـ	تـ	تـ
ـتـ	ـتـ	ـتـ	ـتـ	تـ	تـ	تـ	تـ
ـتـ	ـتـ	ـتـ	ـتـ	تـ	تـ	تـ	تـ

Schriftübungen

Übung 4

Isolierte Position				Endposition			
ث				ـث			
ث	ث	ث	ث	ـث	ـث	ـث	ـث
ث	ث	ث	ث	ـث	ـث	ـث	ـث
ث	ث	ث	ث	ـث	ـث	ـث	ـث
ث	ث	ث	ث	ـث	ـث	ـث	ـث
ث	ث	ث	ث	ـث	ـث	ـث	ـث
ث	ث	ث	ث	ـث	ـث	ـث	ـث
ث	ث	ث	ث	ـث	ـث	ـث	ـث

ث (*ṯāʾ*)

Mittelposition	Anfangsposition
ـثـ	ثـ

ـثـ	ـثـ	ـثـ	ـثـ	ثـ	ثـ	ثـ	ثـ
ـثـ	ـثـ	ـثـ	ـثـ	ثـ	ثـ	ثـ	ثـ
ـثـ	ـثـ	ـثـ	ـثـ	ثـ	ثـ	ثـ	ثـ
ـثـ	ـثـ	ـثـ	ـثـ	ثـ	ثـ	ثـ	ثـ
ـثـ	ـثـ	ـثـ	ـثـ	ثـ	ثـ	ثـ	ثـ
ـثـ	ـثـ	ـثـ	ـثـ	ثـ	ثـ	ثـ	ثـ
ـثـ	ـثـ	ـثـ	ـثـ	ثـ	ثـ	ثـ	ثـ

Übung 5

Isolierte Position				Endposition			
ج				ـج			
ج	ج	ج	ج	ـج	ـج	ـج	ـج
ج	ج	ج	ج	ـج	ـج	ـج	ـج
ج	ج	ج	ج	ـج	ـج	ـج	ـج
ج	ج	ج	ج	ـج	ـج	ـج	ـج
ج	ج	ج	ج	ـج	ـج	ـج	ـج
ج	ج	ج	ج	ـج	ـج	ـج	ـج
ج	ج	ج	ج	ـج	ـج	ـج	ـج

ج (*ğīm*)

Mittelposition	Anfangsposition
ـجـ	جـ

ـجـ	ـجـ	ـجـ	ـجـ	جـ	جـ	جـ	جـ
ـجـ	ـجـ	ـجـ	ـجـ	جـ	جـ	جـ	جـ
ـجـ	ـجـ	ـجـ	ـجـ	جـ	جـ	جـ	جـ
ـجـ	ـجـ	ـجـ	ـجـ	جـ	جـ	جـ	جـ
ـجـ	ـجـ	ـجـ	ـجـ	جـ	جـ	جـ	جـ
ـجـ	ـجـ	ـجـ	ـجـ	جـ	جـ	جـ	جـ
ـجـ	ـجـ	ـجـ	ـجـ	جـ	جـ	جـ	جـ

Schriftübungen

Übung 6

Isolierte Position				Endposition			
ح				ـح			
ح	ح	ح	ح	ـح	ـح	ـح	ـح
ح	ح	ح	ح	ـح	ـح	ـح	ـح
ح	ح	ح	ح	ـح	ـح	ـح	ـح
ح	ح	ح	ح	ـح	ـح	ـح	ـح
ح	ح	ح	ح	ـح	ـح	ـح	ـح
ح	ح	ح	ح	ـح	ـح	ـح	ـح
ح	ح	ح	ح	ـح	ـح	ـح	ـح

ح (*ḥā›*)

Mittelposition	Anfangsposition
ـحـ	حـ

ـحـ	ـحـ	ـحـ	ـحـ	حـ	حـ	حـ	حـ
ـحـ	ـحـ	ـحـ	ـحـ	حـ	حـ	حـ	حـ
ـحـ	ـحـ	ـحـ	ـحـ	حـ	حـ	حـ	حـ
ـحـ	ـحـ	ـحـ	ـحـ	حـ	حـ	حـ	حـ
ـحـ	ـحـ	ـحـ	ـحـ	حـ	حـ	حـ	حـ
ـحـ	ـحـ	ـحـ	ـحـ	حـ	حـ	حـ	حـ
ـحـ	ـحـ	ـحـ	ـحـ	حـ	حـ	حـ	حـ

Schriftübungen

Übung 7

Isolierte Position				Endposition			
خ				ـخ			
خ	خ	خ	خ	ـخ	ـخ	ـخ	ـخ
خ	خ	خ	خ	ـخ	ـخ	ـخ	ـخ
خ	خ	خ	خ	ـخ	ـخ	ـخ	ـخ
خ	خ	خ	خ	ـخ	ـخ	ـخ	ـخ
خ	خ	خ	خ	ـخ	ـخ	ـخ	ـخ
خ	خ	خ	خ	ـخ	ـخ	ـخ	ـخ
خ	خ	خ	خ	ـخ	ـخ	ـخ	ـخ

خ (*ḫā›*)

Mittelposition				Anfangsposition			
ـخـ				خـ			
ـخـ	ـخـ	ـخـ	ـخـ	خـ	خـ	خـ	خـ
ـخـ	ـخـ	ـخـ	ـخـ	خـ	خـ	خـ	خـ
ـخـ	ـخـ	ـخـ	ـخـ	خـ	خـ	خـ	خـ
ـخـ	ـخـ	ـخـ	ـخـ	خـ	خـ	خـ	خـ
ـخـ	ـخـ	ـخـ	ـخـ	خـ	خـ	خـ	خـ
ـخـ	ـخـ	ـخـ	ـخـ	خـ	خـ	خـ	خـ
ـخـ	ـخـ	ـخـ	ـخـ	خـ	خـ	خـ	خـ

Schriftübungen

Übung 8a

أَبَتَ		أَخَا	
أَبَتَ	أَبَتَ	أَخَا	أَخَا
أَبَتَ	أَبَتَ	أَخَا	أَخَا
أَبَتَ	أَبَتَ	أَخَا	أَخَا
أَبَتَ	أَبَتَ	أَخَا	أَخَا
أَبَتَ	أَبَتَ	أَخَا	أَخَا
أَبَتَ	أَبَتَ	أَخَا	أَخَا
أَبَتَ	أَبَتَ	أَخَا	أَخَا

Komplexübungen für die Buchstaben von ا (*alif*) bis خ (*ḫā›*)

بَات		بَاتَت	
بَات	بَات	بَاتَت	بَاتَت
بَات	بَات	بَاتَت	بَاتَت
بَات	بَات	بَاتَت	بَاتَت
بَات	بَات	بَاتَت	بَاتَت
بَات	بَات	بَاتَت	بَاتَت
بَات	بَات	بَاتَت	بَاتَت
بَات	بَات	بَاتَت	بَاتَت

Schriftübungen

Übung 8b

بَاحِث		بَحَّ	
بَاحِث	بَاحِث	بَحَّ	بَحَّ
بَاحِث	بَاحِث	بَحَّ	بَحَّ
بَاحِث	بَاحِث	بَحَّ	بَحَّ
بَاحِث	بَاحِث	بَحَّ	بَحَّ
بَاحِث	بَاحِث	بَحَّ	بَحَّ
بَاحِث	بَاحِث	بَحَّ	بَحَّ
بَاحِث	بَاحِث	بَحَّ	بَحَّ

Komplexübungen für die Buchstaben von ا (*alif*) bis خ (*ḫāʾ*)

بَحَثَ		بَحَثَا	
بَحَثَ	بَحَثَ	بَحَثَا	بَحَثَا
بَحَثَ	بَحَثَ	بَحَثَا	بَحَثَا
بَحَثَ	بَحَثَ	بَحَثَا	بَحَثَا
بَحَثَ	بَحَثَ	بَحَثَا	بَحَثَا
بَحَثَ	بَحَثَ	بَحَثَا	بَحَثَا
بَحَثَ	بَحَثَ	بَحَثَا	بَحَثَا
بَحَثَ	بَحَثَ	بَحَثَا	بَحَثَا

Schriftübungen

Übung 8c

بَحَثَتَا		بُخَّ	
بَحَثَتَا	بَحَثَتَا	بُخَّ	بُخَّ
بَحَثَتَا	بَحَثَتَا	بُخَّ	بُخَّ
بَحَثَتَا	بَحَثَتَا	بُخَّ	بُخَّ
بَحَثَتَا	بَحَثَتَا	بُخَّ	بُخَّ
بَحَثَتَا	بَحَثَتَا	بُخَّ	بُخَّ
بَحَثَتَا	بَحَثَتَا	بُخَّ	بُخَّ
بَحَثَتَا	بَحَثَتَا	بُخَّ	بُخَّ

Komplexübungen für die Buchstaben von ا (*alif*) bis خ (*ḫāʾ*)

تَاب		تَاج	
تَاب	تَاب	تَاج	تَاج
تَاب	تَاب	تَاج	تَاج
تَاب	تَاب	تَاج	تَاج
تَاب	تَاب	تَاج	تَاج
تَاب	تَاب	تَاج	تَاج
تَاب	تَاب	تَاج	تَاج
تَاب	تَاب	تَاج	تَاج

Schriftübungen

Übung 8d

تَاجَا		ثَابَ	
تَاجَا	تَاجَا	ثَابَ	ثَابَ
تَاجَا	تَاجَا	ثَابَ	ثَابَ
تَاجَا	تَاجَا	ثَابَ	ثَابَ
تَاجَا	تَاجَا	ثَابَ	ثَابَ
تَاجَا	تَاجَا	ثَابَ	ثَابَ
تَاجَا	تَاجَا	ثَابَ	ثَابَ
تَاجَا	تَاجَا	ثَابَ	ثَابَ

Komplexübungen für die Buchstaben von ا (*alif*) bis خ (*ḫā›*)

ثَبَتَ		حَاثَ	
ثَبَتَ	ثَبَتَ	حَاثَ	حَاثَ
ثَبَتَ	ثَبَتَ	حَاثَ	حَاثَ
ثَبَتَ	ثَبَتَ	حَاثَ	حَاثَ
ثَبَتَ	ثَبَتَ	حَاثَ	حَاثَ
ثَبَتَ	ثَبَتَ	حَاثَ	حَاثَ
ثَبَتَ	ثَبَتَ	حَاثَ	حَاثَ
ثَبَتَ	ثَبَتَ	حَاثَ	حَاثَ

Schriftübungen

Übung 8e

حَاجَ		حَاجًّا	
حَاجَ	حَاجَ	حَاجًّا	حَاجًّا
حَاجَ	حَاجَ	حَاجًّا	حَاجًّا
حَاجَ	حَاجَ	حَاجًّا	حَاجًّا
حَاجَ	حَاجَ	حَاجًّا	حَاجًّا
حَاجَ	حَاجَ	حَاجًّا	حَاجًّا
حَاجَ	حَاجَ	حَاجًّا	حَاجًّا
حَاجَ	حَاجَ	حَاجًّا	حَاجًّا

Komplexübungen für die Buchstaben von ا (*alif*) bis خ (*ḫāʾ*)

حَبَّتَا		حَثَّ	
حَبَّتَا	حَبَّتَا	حَثَّ	حَثَّ
حَبَّتَا	حَبَّتَا	حَثَّ	حَثَّ
حَبَّتَا	حَبَّتَا	حَثَّ	حَثَّ
حَبَّتَا	حَبَّتَا	حَثَّ	حَثَّ
حَبَّتَا	حَبَّتَا	حَثَّ	حَثَّ
حَبَّتَا	حَبَّتَا	حَثَّ	حَثَّ
حَبَّتَا	حَبَّتَا	حَثَّ	حَثَّ

Schriftübungen

Übung 8f

حثَّا		حثَّاث	
حثَّا	حثَّا	حثَّاث	حثَّاث
حثَّا	حثَّا	حثَّاث	حثَّاث
حثَّا	حثَّا	حثَّاث	حثَّاث
حثَّا	حثَّا	حثَّاث	حثَّاث
حثَّا	حثَّا	حثَّاث	حثَّاث
حثَّا	حثَّا	حثَّاث	حثَّاث
حثَّا	حثَّا	حثَّاث	حثَّاث

Komplexübungen für die Buchstaben von ا (*alif*) bis خ (*ḫāʾ*)

حَجَّا		حَجَّاج	
حَجَّا	حَجَّا	حَجَّاج	حَجَّاج
حَجَّا	حَجَّا	حَجَّاج	حَجَّاج
حَجَّا	حَجَّا	حَجَّاج	حَجَّاج
حَجَّا	حَجَّا	حَجَّاج	حَجَّاج
حَجَّا	حَجَّا	حَجَّاج	حَجَّاج
حَجَّا	حَجَّا	حَجَّاج	حَجَّاج
حَجَّا	حَجَّا	حَجَّاج	حَجَّاج

Schriftübungen

Übung 8g

حَجَبَ		حَجَبَا	
حَجَبَ	حَجَبَ	حَجَبَا	حَجَبَا
حَجَبَ	حَجَبَ	حَجَبَا	حَجَبَا
حَجَبَ	حَجَبَ	حَجَبَا	حَجَبَا
حَجَبَ	حَجَبَ	حَجَبَا	حَجَبَا
حَجَبَ	حَجَبَ	حَجَبَا	حَجَبَا
حَجَبَ	حَجَبَ	حَجَبَا	حَجَبَا
حَجَبَ	حَجَبَ	حَجَبَا	حَجَبَا

Komplexübungen für die Buchstaben von ا (*alif*) bis خ (*ḫā›*)

حَجَبَت		حَجَّت	
حَجَبَت	حَجَبَت	حَجَّت	حَجَّت
حَجَبَت	حَجَبَت	حَجَّت	حَجَّت
حَجَبَت	حَجَبَت	حَجَّت	حَجَّت
حَجَبَت	حَجَبَت	حَجَّت	حَجَّت
حَجَبَت	حَجَبَت	حَجَّت	حَجَّت
حَجَبَت	حَجَبَت	حَجَّت	حَجَّت
حَجَبَت	حَجَبَت	حَجَّت	حَجَّت

Übung 8h

خَابَ		خَجَّ	
خَابَ	خَابَ	خَجَّ	خَجَّ
خَابَ	خَابَ	خَجَّ	خَجَّ
خَابَ	خَابَ	خَجَّ	خَجَّ
خَابَ	خَابَ	خَجَّ	خَجَّ
خَابَ	خَابَ	خَجَّ	خَجَّ
خَابَ	خَابَ	خَجَّ	خَجَّ
خَابَ	خَابَ	خَجَّ	خَجَّ

Komplexübungen für die Buchstaben von ا (*alif*) bis خ (*ḫā›*)

خَجَّا		خَجَّتَا	
خَجَّا	خَجَّا	خَجَّتَا	خَجَّتَا
خَجَّا	خَجَّا	خَجَّتَا	خَجَّتَا
خَجَّا	خَجَّا	خَجَّتَا	خَجَّتَا
خَجَّا	خَجَّا	خَجَّتَا	خَجَّتَا
خَجَّا	خَجَّا	خَجَّتَا	خَجَّتَا
خَجَّا	خَجَّا	خَجَّتَا	خَجَّتَا
خَجَّا	خَجَّا	خَجَّتَا	خَجَّتَا

Übung 9

Isolierte Position / Anfangsposition				Mittel- / Endposition			
د				ـد			
د	د	د	د	ـد	ـد	ـد	ـد
د	د	د	د	ـد	ـد	ـد	ـد
د	د	د	د	ـد	ـد	ـد	ـد
د	د	د	د	ـد	ـد	ـد	ـد
د	د	د	د	ـد	ـد	ـد	ـد
د	د	د	د	ـد	ـد	ـد	ـد
د	د	د	د	ـد	ـد	ـد	ـد

د (*dāl*) und ذ (*ḏāl*)

Isolierte Position / Anfangsposition				Mittel- / Endposition			
ذ				ـذ			
ذ	ذ	ذ	ذ	ـذ	ـذ	ـذ	ـذ
ذ	ذ	ذ	ذ	ـذ	ـذ	ـذ	ـذ
ذ	ذ	ذ	ذ	ـذ	ـذ	ـذ	ـذ
ذ	ذ	ذ	ذ	ـذ	ـذ	ـذ	ـذ
ذ	ذ	ذ	ذ	ـذ	ـذ	ـذ	ـذ
ذ	ذ	ذ	ذ	ـذ	ـذ	ـذ	ـذ
ذ	ذ	ذ	ذ	ـذ	ـذ	ـذ	ـذ

Übung 10

Isolierte Position / Anfangsposition				Mittel- / Endposition			
ر				ـر			
ر	ر	ر	ر	ـر	ـر	ـر	ـر
ر	ر	ر	ر	ـر	ـر	ـر	ـر
ر	ر	ر	ر	ـر	ـر	ـر	ـر
ر	ر	ر	ر	ـر	ـر	ـر	ـر
ر	ر	ر	ر	ـر	ـر	ـر	ـر
ر	ر	ر	ر	ـر	ـر	ـر	ـر
ر	ر	ر	ر	ـر	ـر	ـر	ـر

ر (*rā›*) und ز (*zain*)

Isolierte Position / Anfangsposition				Mittel- / Endposition			
ز				ـز			
ز	ز	ز	ز	ـز	ـز	ـز	ـز
ز	ز	ز	ز	ـز	ـز	ـز	ـز
ز	ز	ز	ز	ـز	ـز	ـز	ـز
ز	ز	ز	ز	ـز	ـز	ـز	ـز
ز	ز	ز	ز	ـز	ـز	ـز	ـز
ز	ز	ز	ز	ـز	ـز	ـز	ـز
ز	ز	ز	ز	ـز	ـز	ـز	ـز

Schriftübungen

Übung 11

Isolierte Position				Endposition			
س				ـس			
س	س	س	س	ـس	ـس	ـس	ـس
س	س	س	س	ـس	ـس	ـس	ـس
س	س	س	س	ـس	ـس	ـس	ـس
س	س	س	س	ـس	ـس	ـس	ـس
س	س	س	س	ـس	ـس	ـس	ـس
س	س	س	س	ـس	ـس	ـس	ـس
س	س	س	س	ـس	ـس	ـس	ـس

س (*sīn*)

Mittelposition	Anfangsposition
ـسـ	سـ

ـسـ	ـسـ	ـسـ	ـسـ	سـ	سـ	سـ	سـ
ـسـ	ـسـ	ـسـ	ـسـ	سـ	سـ	سـ	سـ
ـسـ	ـسـ	ـسـ	ـسـ	سـ	سـ	سـ	سـ
ـسـ	ـسـ	ـسـ	ـسـ	سـ	سـ	سـ	سـ
ـسـ	ـسـ	ـسـ	ـسـ	سـ	سـ	سـ	سـ
ـسـ	ـسـ	ـسـ	ـسـ	سـ	سـ	سـ	سـ
ـسـ	ـسـ	ـسـ	ـسـ	سـ	سـ	سـ	سـ

Schriftübungen

Übung 12

Isolierte Position				Endposition			
ش				ـش			
ش	ش	ش	ش	ـش	ـش	ـش	ـش
ش	ش	ش	ش	ـش	ـش	ـش	ـش
ش	ش	ش	ش	ـش	ـش	ـش	ـش
ش	ش	ش	ش	ـش	ـش	ـش	ـش
ش	ش	ش	ش	ـش	ـش	ـش	ـش
ش	ش	ش	ش	ـش	ـش	ـش	ـش
ش	ش	ش	ش	ـش	ـش	ـش	ـش

ش (*šīn*)

Mittelposition				Anfangsposition			
ـشـ				شـ			
ـشـ	ـشـ	ـشـ	ـشـ	شـ	شـ	شـ	شـ
ـشـ	ـشـ	ـشـ	ـشـ	شـ	شـ	شـ	شـ
ـشـ	ـشـ	ـشـ	ـشـ	شـ	شـ	شـ	شـ
ـشـ	ـشـ	ـشـ	ـشـ	شـ	شـ	شـ	شـ
ـشـ	ـشـ	ـشـ	ـشـ	شـ	شـ	شـ	شـ
ـشـ	ـشـ	ـشـ	ـشـ	شـ	شـ	شـ	شـ
ـشـ	ـشـ	ـشـ	ـشـ	شـ	شـ	شـ	شـ

Schriftübungen

Übung 13

Isolierte Position				Endposition			
ص				ـص			
ص	ص	ص	ص	ـص	ـص	ـص	ـص
ص	ص	ص	ص	ـص	ـص	ـص	ـص
ص	ص	ص	ص	ـص	ـص	ـص	ـص
ص	ص	ص	ص	ـص	ـص	ـص	ـص
ص	ص	ص	ص	ـص	ـص	ـص	ـص
ص	ص	ص	ص	ـص	ـص	ـص	ـص
ص	ص	ص	ص	ـص	ـص	ـص	ـص

ص (*ṣād*)

Mittelposition				Anfangsposition			
ـصـ				صـ			
ـصـ	ـصـ	ـصـ	ـصـ	صـ	صـ	صـ	صـ
ـصـ	ـصـ	ـصـ	ـصـ	صـ	صـ	صـ	صـ
ـصـ	ـصـ	ـصـ	ـصـ	صـ	صـ	صـ	صـ
ـصـ	ـصـ	ـصـ	ـصـ	صـ	صـ	صـ	صـ
ـصـ	ـصـ	ـصـ	ـصـ	صـ	صـ	صـ	صـ
ـصـ	ـصـ	ـصـ	ـصـ	صـ	صـ	صـ	صـ
ـصـ	ـصـ	ـصـ	ـصـ	صـ	صـ	صـ	صـ

Schriftübungen

Übung 14

Isolierte Position				Endposition			
ض				ـض			
ض	ض	ض	ض	ـض	ـض	ـض	ـض
ض	ض	ض	ض	ـض	ـض	ـض	ـض
ض	ض	ض	ض	ـض	ـض	ـض	ـض
ض	ض	ض	ض	ـض	ـض	ـض	ـض
ض	ض	ض	ض	ـض	ـض	ـض	ـض
ض	ض	ض	ض	ـض	ـض	ـض	ـض
ض	ض	ض	ض	ـض	ـض	ـض	ـض

ض (*ḍād*)

Mittelposition	Anfangsposition
ـضـ	ضـ

ـضـ	ـضـ	ـضـ	ـضـ	ضـ	ضـ	ضـ	ضـ
ـضـ	ـضـ	ـضـ	ـضـ	ضـ	ضـ	ضـ	ضـ
ـضـ	ـضـ	ـضـ	ـضـ	ضـ	ضـ	ضـ	ضـ
ـضـ	ـضـ	ـضـ	ـضـ	ضـ	ضـ	ضـ	ضـ
ـضـ	ـضـ	ـضـ	ـضـ	ضـ	ضـ	ضـ	ضـ
ـضـ	ـضـ	ـضـ	ـضـ	ضـ	ضـ	ضـ	ضـ
ـضـ	ـضـ	ـضـ	ـضـ	ضـ	ضـ	ضـ	ضـ

Schriftübungen

Übung 15a

دُرَرَ		دَرَزَ	
دُرَرَ	دُرَرَ	دَرَزَ	دَرَزَ
دُرَرَ	دُرَرَ	دَرَزَ	دَرَزَ
دُرَرَ	دُرَرَ	دَرَزَ	دَرَزَ
دُرَرَ	دُرَرَ	دَرَزَ	دَرَزَ
دُرَرَ	دُرَرَ	دَرَزَ	دَرَزَ
دُرَرَ	دُرَرَ	دَرَزَ	دَرَزَ
دُرَرَ	دُرَرَ	دَرَزَ	دَرَزَ

Komplexübungen für die Buchstaben von د (*dāl*) bis ض (*ḍād*)

دَزَّ		دَسَّ	
دَزَّ	دَزَّ	دَسَّ	دَسَّ
دَزَّ	دَزَّ	دَسَّ	دَسَّ
دَزَّ	دَزَّ	دَسَّ	دَسَّ
دَزَّ	دَزَّ	دَسَّ	دَسَّ
دَزَّ	دَزَّ	دَسَّ	دَسَّ
دَزَّ	دَزَّ	دَسَّ	دَسَّ
دَزَّ	دَزَّ	دَسَّ	دَسَّ

Übung 15b

دُشّ		ذَرّ	
دُشّ	دُشّ	ذَرّ	ذَرّ
دُشّ	دُشّ	ذَرّ	ذَرّ
دُشّ	دُشّ	ذَرّ	ذَرّ
دُشّ	دُشّ	ذَرّ	ذَرّ
دُشّ	دُشّ	ذَرّ	ذَرّ
دُشّ	دُشّ	ذَرّ	ذَرّ
دُشّ	دُشّ	ذَرّ	ذَرّ

Komplexübungen für die Buchstaben von د (*dāl*) bis ض (*ḍād*)

ذَرَّدَ		رَدَّ	
ذَرَّدَ	ذَرَّدَ	رَدَّ	رَدَّ
ذَرَّدَ	ذَرَّدَ	رَدَّ	رَدَّ
ذَرَّدَ	ذَرَّدَ	رَدَّ	رَدَّ
ذَرَّدَ	ذَرَّدَ	رَدَّ	رَدَّ
ذَرَّدَ	ذَرَّدَ	رَدَّ	رَدَّ
ذَرَّدَ	ذَرَّدَ	رَدَّ	رَدَّ
ذَرَّدَ	ذَرَّدَ	رَدَّ	رَدَّ

Schriftübungen

Übung 15c

رَدَسَ		رُصَّ	
رَدَسَ	رَدَسَ	رُصَّ	رُصَّ
رَدَسَ	رَدَسَ	رُصَّ	رُصَّ
رَدَسَ	رَدَسَ	رُصَّ	رُصَّ
رَدَسَ	رَدَسَ	رُصَّ	رُصَّ
رَدَسَ	رَدَسَ	رُصَّ	رُصَّ
رَدَسَ	رَدَسَ	رُصَّ	رُصَّ
رَدَسَ	رَدَسَ	رُصَّ	رُصَّ

Komplexübungen für die Buchstaben von د (*dāl*) bis ض (*ḍād*)

رَصَدَ		رَضّ	
رَصَدَ	رَصَدَ	رَضّ	رَضّ
رَصَدَ	رَصَدَ	رَضّ	رَضّ
رَصَدَ	رَصَدَ	رَضّ	رَضّ
رَصَدَ	رَصَدَ	رَضّ	رَضّ
رَصَدَ	رَصَدَ	رَضّ	رَضّ
رَصَدَ	رَصَدَ	رَضّ	رَضّ
رَصَدَ	رَصَدَ	رَضّ	رَضّ

Schriftübungen

Übung 15d

رَضْرَضَ		زُرَّ	
رَضْرَضَ	رَضْرَضَ	زُرَّ	زُرَّ
رَضْرَضَ	رَضْرَضَ	زُرَّ	زُرَّ
رَضْرَضَ	رَضْرَضَ	زُرَّ	زُرَّ
رَضْرَضَ	رَضْرَضَ	زُرَّ	زُرَّ
رَضْرَضَ	رَضْرَضَ	زُرَّ	زُرَّ
رَضْرَضَ	رَضْرَضَ	زُرَّ	زُرَّ
رَضْرَضَ	رَضْرَضَ	زُرَّ	زُرَّ

Komplexübungen für die Buchstaben von د (*dāl*) bis ض (*ḍād*)

سِدْر		شَدّ	
سِدْر	سِدْر	شَدّ	شَدّ
سِدْر	سِدْر	شَدّ	شَدّ
سِدْر	سِدْر	شَدّ	شَدّ
سِدْر	سِدْر	شَدّ	شَدّ
سِدْر	سِدْر	شَدّ	شَدّ
سِدْر	سِدْر	شَدّ	شَدّ
سِدْر	سِدْر	شَدّ	شَدّ

Übung 15e

شَدَّدَ		شَذَرَ	
شَدَّدَ	شَدَّدَ	شَذَرَ	شَذَرَ
شَدَّدَ	شَدَّدَ	شَذَرَ	شَذَرَ
شَدَّدَ	شَدَّدَ	شَذَرَ	شَذَرَ
شَدَّدَ	شَدَّدَ	شَذَرَ	شَذَرَ
شَدَّدَ	شَدَّدَ	شَذَرَ	شَذَرَ
شَدَّدَ	شَدَّدَ	شَذَرَ	شَذَرَ
شَدَّدَ	شَدَّدَ	شَذَرَ	شَذَرَ

Komplexübungen für die Buchstaben von د (*dāl*) bis ض (*ḍād*)

شَرَدَ		شَرِس	
شَرَدَ	شَرَدَ	شَرِس	شَرِس
شَرَدَ	شَرَدَ	شَرِس	شَرِس
شَرَدَ	شَرَدَ	شَرِس	شَرِس
شَرَدَ	شَرَدَ	شَرِس	شَرِس
شَرَدَ	شَرَدَ	شَرِس	شَرِس
شَرَدَ	شَرَدَ	شَرِس	شَرِس
شَرَدَ	شَرَدَ	شَرِس	شَرِس

Schriftübungen

Übung 15f

صَدَّ		صَدَرَ	
صَدَّ	صَدَّ	صَدَرَ	صَدَرَ
صَدَّ	صَدَّ	صَدَرَ	صَدَرَ
صَدَّ	صَدَّ	صَدَرَ	صَدَرَ
صَدَّ	صَدَّ	صَدَرَ	صَدَرَ
صَدَّ	صَدَّ	صَدَرَ	صَدَرَ
صَدَّ	صَدَّ	صَدَرَ	صَدَرَ
صَدَّ	صَدَّ	صَدَرَ	صَدَرَ

Komplexübungen für die Buchstaben von د (*dāl*) bis ض (*ḍād*)

صَرَّ		ضِدّ	
صَرَّ	صَرَّ	ضِدّ	ضِدّ
صَرَّ	صَرَّ	ضِدّ	ضِدّ
صَرَّ	صَرَّ	ضِدّ	ضِدّ
صَرَّ	صَرَّ	ضِدّ	ضِدّ
صَرَّ	صَرَّ	ضِدّ	ضِدّ
صَرَّ	صَرَّ	ضِدّ	ضِدّ
صَرَّ	صَرَّ	ضِدّ	ضِدّ

Übung 16

Isolierte Position				Endposition			
ط				ـط			
ط	ط	ط	ط	ـط	ـط	ـط	ـط
ط	ط	ط	ط	ـط	ـط	ـط	ـط
ط	ط	ط	ط	ـط	ـط	ـط	ـط
ط	ط	ط	ط	ـط	ـط	ـط	ـط
ط	ط	ط	ط	ـط	ـط	ـط	ـط
ط	ط	ط	ط	ـط	ـط	ـط	ـط
ط	ط	ط	ط	ـط	ـط	ـط	ـط

ط (*ṭā›*)

Mittelposition	Anfangsposition
ـطـ	طـ

ـطـ	ـطـ	ـطـ	ـطـ	طـ	طـ	طـ	طـ
ـطـ	ـطـ	ـطـ	ـطـ	طـ	طـ	طـ	طـ
ـطـ	ـطـ	ـطـ	ـطـ	طـ	طـ	طـ	طـ
ـطـ	ـطـ	ـطـ	ـطـ	طـ	طـ	طـ	طـ
ـطـ	ـطـ	ـطـ	ـطـ	طـ	طـ	طـ	طـ
ـطـ	ـطـ	ـطـ	ـطـ	طـ	طـ	طـ	طـ
ـطـ	ـطـ	ـطـ	ـطـ	طـ	طـ	طـ	طـ

Übung 17

Isolierte Position				Endposition			
ظ				ـظ			
ظ	ظ	ظ	ظ	ـظ	ـظ	ـظ	ـظ
ظ	ظ	ظ	ظ	ـظ	ـظ	ـظ	ـظ
ظ	ظ	ظ	ظ	ـظ	ـظ	ـظ	ـظ
ظ	ظ	ظ	ظ	ـظ	ـظ	ـظ	ـظ
ظ	ظ	ظ	ظ	ـظ	ـظ	ـظ	ـظ
ظ	ظ	ظ	ظ	ـظ	ـظ	ـظ	ـظ
ظ	ظ	ظ	ظ	ـظ	ـظ	ـظ	ـظ

ظ (*ẓāʾ*)

Mittelposition	Anfangsposition
ـظـ	ظـ

ـظـ	ـظـ	ـظـ	ـظـ	ظـ	ظـ	ظـ	ظـ
ـظـ	ـظـ	ـظـ	ـظـ	ظـ	ظـ	ظـ	ظـ
ـظـ	ـظـ	ـظـ	ـظـ	ظـ	ظـ	ظـ	ظـ
ـظـ	ـظـ	ـظـ	ـظـ	ظـ	ظـ	ظـ	ظـ
ـظـ	ـظـ	ـظـ	ـظـ	ظـ	ظـ	ظـ	ظـ
ـظـ	ـظـ	ـظـ	ـظـ	ظـ	ظـ	ظـ	ظـ
ـظـ	ـظـ	ـظـ	ـظـ	ظـ	ظـ	ظـ	ظـ

Schriftübungen

Übung 18

Isolierte Position				Endposition			
ع				ـع			
ع	ع	ع	ع	ـع	ـع	ـع	ـع
ع	ع	ع	ع	ـع	ـع	ـع	ـع
ع	ع	ع	ع	ـع	ـع	ـع	ـع
ع	ع	ع	ع	ـع	ـع	ـع	ـع
ع	ع	ع	ع	ـع	ـع	ـع	ـع
ع	ع	ع	ع	ـع	ـع	ـع	ـع
ع	ع	ع	ع	ـع	ـع	ـع	ـع

ع (*ʿain*)

Mittelposition				Anfangsposition			
ـعـ				عـ			
ـعـ	ـعـ	ـعـ	ـعـ	عـ	عـ	عـ	عـ
ـعـ	ـعـ	ـعـ	ـعـ	عـ	عـ	عـ	عـ
ـعـ	ـعـ	ـعـ	ـعـ	عـ	عـ	عـ	عـ
ـعـ	ـعـ	ـعـ	ـعـ	عـ	عـ	عـ	عـ
ـعـ	ـعـ	ـعـ	ـعـ	عـ	عـ	عـ	عـ
ـعـ	ـعـ	ـعـ	ـعـ	عـ	عـ	عـ	عـ
ـعـ	ـعـ	ـعـ	ـعـ	عـ	عـ	عـ	عـ

Übung 19

Isolierte Position				Endposition			
غ				ـغ			
غ	غ	غ	غ	ـغ	ـغ	ـغ	ـغ
غ	غ	غ	غ	ـغ	ـغ	ـغ	ـغ
غ	غ	غ	غ	ـغ	ـغ	ـغ	ـغ
غ	غ	غ	غ	ـغ	ـغ	ـغ	ـغ
غ	غ	غ	غ	ـغ	ـغ	ـغ	ـغ
غ	غ	غ	غ	ـغ	ـغ	ـغ	ـغ
غ	غ	غ	غ	ـغ	ـغ	ـغ	ـغ

غ (*ġain*)

Mittelposition	Anfangsposition
ـغـ	غـ

ـغـ	ـغـ	ـغـ	ـغـ	غـ	غـ	غـ	غـ
ـغـ	ـغـ	ـغـ	ـغـ	غـ	غـ	غـ	غـ
ـغـ	ـغـ	ـغـ	ـغـ	غـ	غـ	غـ	غـ
ـغـ	ـغـ	ـغـ	ـغـ	غـ	غـ	غـ	غـ
ـغـ	ـغـ	ـغـ	ـغـ	غـ	غـ	غـ	غـ
ـغـ	ـغـ	ـغـ	ـغـ	غـ	غـ	غـ	غـ
ـغـ	ـغـ	ـغـ	ـغـ	غـ	غـ	غـ	غـ

Schriftübungen

Übung 20

Isolierte Position				Endposition			
ف				ـف			
ف	ف	ف	ف	ـف	ـف	ـف	ـف
ف	ف	ف	ف	ـف	ـف	ـف	ـف
ف	ف	ف	ف	ـف	ـف	ـف	ـف
ف	ف	ف	ف	ـف	ـف	ـف	ـف
ف	ف	ف	ف	ـف	ـف	ـف	ـف
ف	ف	ف	ف	ـف	ـف	ـف	ـف
ف	ف	ف	ف	ـف	ـف	ـف	ـف

ف (*fāʾ*)

Mittelposition				Anfangsposition			
ـفـ				فـ			
ـفـ	ـفـ	ـفـ	ـفـ	فـ	فـ	فـ	فـ
ـفـ	ـفـ	ـفـ	ـفـ	فـ	فـ	فـ	فـ
ـفـ	ـفـ	ـفـ	ـفـ	فـ	فـ	فـ	فـ
ـفـ	ـفـ	ـفـ	ـفـ	فـ	فـ	فـ	فـ
ـفـ	ـفـ	ـفـ	ـفـ	فـ	فـ	فـ	فـ
ـفـ	ـفـ	ـفـ	ـفـ	فـ	فـ	فـ	فـ
ـفـ	ـفـ	ـفـ	ـفـ	فـ	فـ	فـ	فـ

Übung 21

Isolierte Position				Endposition			
ق				ـق			
ق	ق	ق	ق	ـق	ـق	ـق	ـق
ق	ق	ق	ق	ـق	ـق	ـق	ـق
ق	ق	ق	ق	ـق	ـق	ـق	ـق
ق	ق	ق	ق	ـق	ـق	ـق	ـق
ق	ق	ق	ق	ـق	ـق	ـق	ـق
ق	ق	ق	ق	ـق	ـق	ـق	ـق
ق	ق	ق	ق	ـق	ـق	ـق	ـق

ق (*qāf*)

Mittelposition				Anfangsposition			
ـقـ				قـ			
ـقـ	ـقـ	ـقـ	ـقـ	قـ	قـ	قـ	قـ
ـقـ	ـقـ	ـقـ	ـقـ	قـ	قـ	قـ	قـ
ـقـ	ـقـ	ـقـ	ـقـ	قـ	قـ	قـ	قـ
ـقـ	ـقـ	ـقـ	ـقـ	قـ	قـ	قـ	قـ
ـقـ	ـقـ	ـقـ	ـقـ	قـ	قـ	قـ	قـ
ـقـ	ـقـ	ـقـ	ـقـ	قـ	قـ	قـ	قـ
ـقـ	ـقـ	ـقـ	ـقـ	قـ	قـ	قـ	قـ

Übung 22a

طَع		طَعْقُ	
طَع	طَع	طَعْقُ	طَعْقُ
طَع	طَع	طَعْقُ	طَعْقُ
طَع	طَع	طَعْقُ	طَعْقُ
طَع	طَع	طَعْقُ	طَعْقُ
طَع	طَع	طَعْقُ	طَعْقُ
طَع	طَع	طَعْقُ	طَعْقُ
طَع	طَع	طَعْقُ	طَعْقُ

Komplexübungen für die Buchstaben von ط (*ṭā›*) bis ق (*qāf*)

طَفِقَ		طَقَّ	
طَفِقَ	طَفِقَ	طَقَّ	طَقَّ
طَفِقَ	طَفِقَ	طَقَّ	طَقَّ
طَفِقَ	طَفِقَ	طَقَّ	طَقَّ
طَفِقَ	طَفِقَ	طَقَّ	طَقَّ
طَفِقَ	طَفِقَ	طَقَّ	طَقَّ
طَفِقَ	طَفِقَ	طَقَّ	طَقَّ
طَفِقَ	طَفِقَ	طَقَّ	طَقَّ

Schriftübungen

Übung 22b

ظَعَطَ		ظَعُفَ	
ظَعَطَ	ظَعَطَ	ظَعُفَ	ظَعُفَ
ظَعَطَ	ظَعَطَ	ظَعُفَ	ظَعُفَ
ظَعَطَ	ظَعَطَ	ظَعُفَ	ظَعُفَ
ظَعَطَ	ظَعَطَ	ظَعُفَ	ظَعُفَ
ظَعَطَ	ظَعَطَ	ظَعُفَ	ظَعُفَ
ظَعَطَ	ظَعَطَ	ظَعُفَ	ظَعُفَ
ظَعَطَ	ظَعَطَ	ظَعُفَ	ظَعُفَ

Komplexübungen für die Buchstaben von ط (*ṭā›*) bis ق (*qāf*)

عِظ		عِف	
عِظ	عِظ	عِف	عِف
عِظ	عِظ	عِف	عِف
عِظ	عِظ	عِف	عِف
عِظ	عِظ	عِف	عِف
عِظ	عِظ	عِف	عِف
عِظ	عِظ	عِف	عِف
عِظ	عِظ	عِف	عِف

Übung 22c

عَفْقُ		عِق	
عَفْقُ	عَفْقُ	عِق	عِق
عَفْقُ	عَفْقُ	عِق	عِق
عَفْقُ	عَفْقُ	عِق	عِق
عَفْقُ	عَفْقُ	عِق	عِق
عَفْقُ	عَفْقُ	عِق	عِق
عَفْقُ	عَفْقُ	عِق	عِق
عَفْقُ	عَفْقُ	عِق	عِق

Komplexübungen für die Buchstaben von ط (*ṭā›*) bis ق (*qāf*)

غِظ		غَفَطَ	
غِظ	غِظ	غَفَطَ	غَفَطَ
غِظ	غِظ	غَفَطَ	غَفَطَ
غِظ	غِظ	غَفَطَ	غَفَطَ
غِظ	غِظ	غَفَطَ	غَفَطَ
غِظ	غِظ	غَفَطَ	غَفَطَ
غِظ	غِظ	غَفَطَ	غَفَطَ
غِظ	غِظ	غَفَطَ	غَفَطَ

Übung 22d

فَغَطَ		فِق	
فَغَطَ	فَغَطَ	فِق	فِق
فَغَطَ	فَغَطَ	فِق	فِق
فَغَطَ	فَغَطَ	فِق	فِق
فَغَطَ	فَغَطَ	فِق	فِق
فَغَطَ	فَغَطَ	فِق	فِق
فَغَطَ	فَغَطَ	فِق	فِق
فَغَطَ	فَغَطَ	فِق	فِق

Komplexübungen für die Buchstaben von ط (*ṭāʾ*) bis ق (*qāf*)

فَقَع		قَط	
فَقَع	فَقَع	قَط	قَط
فَقَع	فَقَع	قَط	قَط
فَقَع	فَقَع	قَط	قَط
فَقَع	فَقَع	قَط	قَط
فَقَع	فَقَع	قَط	قَط
فَقَع	فَقَع	قَط	قَط
فَقَع	فَقَع	قَط	قَط

Schriftübungen

Übung 22e

قَطْعُ		قَطَفَ	
قَطْعُ	قَطْعُ	قَطَفَ	قَطَفَ
قَطْعُ	قَطْعُ	قَطَفَ	قَطَفَ
قَطْعُ	قَطْعُ	قَطَفَ	قَطَفَ
قَطْعُ	قَطْعُ	قَطَفَ	قَطَفَ
قَطْعُ	قَطْعُ	قَطَفَ	قَطَفَ
قَطْعُ	قَطْعُ	قَطَفَ	قَطَفَ
قَطْعُ	قَطْعُ	قَطَفَ	قَطَفَ

Komplexübungen für die Buchstaben von ط (*ṭā›*) bis ق (*qāf*)

قِف		قَفَعَ	
قِف	قِف	قَفَعَ	قَفَعَ
قِف	قِف	قَفَعَ	قَفَعَ
قِف	قِف	قَفَعَ	قَفَعَ
قِف	قِف	قَفَعَ	قَفَعَ
قِف	قِف	قَفَعَ	قَفَعَ
قِف	قِف	قَفَعَ	قَفَعَ
قِف	قِف	قَفَعَ	قَفَعَ

Übung 23

Isolierte Position				Endposition			
ك				ـك			
ك	ك	ك	ك	ـك	ـك	ـك	ـك
ك	ك	ك	ك	ـك	ـك	ـك	ـك
ك	ك	ك	ك	ـك	ـك	ـك	ـك
ك	ك	ك	ك	ـك	ـك	ـك	ـك
ك	ك	ك	ك	ـك	ـك	ـك	ـك
ك	ك	ك	ك	ـك	ـك	ـك	ـك
ك	ك	ك	ك	ـك	ـك	ـك	ـك

ك (*kāf*)

Mittelposition				Anfangsposition			
ـكـ				كـ			
ـكـ	ـكـ	ـكـ	ـكـ	كـ	كـ	كـ	كـ
ـكـ	ـكـ	ـكـ	ـكـ	كـ	كـ	كـ	كـ
ـكـ	ـكـ	ـكـ	ـكـ	كـ	كـ	كـ	كـ
ـكـ	ـكـ	ـكـ	ـكـ	كـ	كـ	كـ	كـ
ـكـ	ـكـ	ـكـ	ـكـ	كـ	كـ	كـ	كـ
ـكـ	ـكـ	ـكـ	ـكـ	كـ	كـ	كـ	كـ
ـكـ	ـكـ	ـكـ	ـكـ	كـ	كـ	كـ	كـ

Übung 24

Isolierte Position				Endposition			
ل				ـل			
ل	ل	ل	ل	ـل	ـل	ـل	ـل
ل	ل	ل	ل	ـل	ـل	ـل	ـل
ل	ل	ل	ل	ـل	ـل	ـل	ـل
ل	ل	ل	ل	ـل	ـل	ـل	ـل
ل	ل	ل	ل	ـل	ـل	ـل	ـل
ل	ل	ل	ل	ـل	ـل	ـل	ـل
ل	ل	ل	ل	ـل	ـل	ـل	ـل

ل (*lām*)

Mittelposition	Anfangsposition
ـلـ	لـ

ـلـ	ـلـ	ـلـ	ـلـ	لـ	لـ	لـ	لـ
ـلـ	ـلـ	ـلـ	ـلـ	لـ	لـ	لـ	لـ
ـلـ	ـلـ	ـلـ	ـلـ	لـ	لـ	لـ	لـ
ـلـ	ـلـ	ـلـ	ـلـ	لـ	لـ	لـ	لـ
ـلـ	ـلـ	ـلـ	ـلـ	لـ	لـ	لـ	لـ
ـلـ	ـلـ	ـلـ	ـلـ	لـ	لـ	لـ	لـ
ـلـ	ـلـ	ـلـ	ـلـ	لـ	لـ	لـ	لـ

Übung 25

Isolierte Position				Endposition			
م				ـم			
م	م	م	م	ـم	ـم	ـم	ـم
م	م	م	م	ـم	ـم	ـم	ـم
م	م	م	م	ـم	ـم	ـم	ـم
م	م	م	م	ـم	ـم	ـم	ـم
م	م	م	م	ـم	ـم	ـم	ـم
م	م	م	م	ـم	ـم	ـم	ـم
م	م	م	م	ـم	ـم	ـم	ـم

م (*mīm*)

Mittelposition				Anfangsposition			
ـمـ				مـ			
ـمـ	ـمـ	ـمـ	ـمـ	مـ	مـ	مـ	مـ
ـمـ	ـمـ	ـمـ	ـمـ	مـ	مـ	مـ	مـ
ـمـ	ـمـ	ـمـ	ـمـ	مـ	مـ	مـ	مـ
ـمـ	ـمـ	ـمـ	ـمـ	مـ	مـ	مـ	مـ
ـمـ	ـمـ	ـمـ	ـمـ	مـ	مـ	مـ	مـ
ـمـ	ـمـ	ـمـ	ـمـ	مـ	مـ	مـ	مـ
ـمـ	ـمـ	ـمـ	ـمـ	مـ	مـ	مـ	مـ

Übung 26

Isolierte Position				Endposition			
ن				ـن			
ن	ن	ن	ن	ـن	ـن	ـن	ـن
ن	ن	ن	ن	ـن	ـن	ـن	ـن
ن	ن	ن	ن	ـن	ـن	ـن	ـن
ن	ن	ن	ن	ـن	ـن	ـن	ـن
ن	ن	ن	ن	ـن	ـن	ـن	ـن
ن	ن	ن	ن	ـن	ـن	ـن	ـن
ن	ن	ن	ن	ـن	ـن	ـن	ـن

ن (*nūn*)

Mittelposition				**Anfangsposition**			
ـنـ				نـ			
ـنـ	ـنـ	ـنـ	ـنـ	نـ	نـ	نـ	نـ
ـنـ	ـنـ	ـنـ	ـنـ	نـ	نـ	نـ	نـ
ـنـ	ـنـ	ـنـ	ـنـ	نـ	نـ	نـ	نـ
ـنـ	ـنـ	ـنـ	ـنـ	نـ	نـ	نـ	نـ
ـنـ	ـنـ	ـنـ	ـنـ	نـ	نـ	نـ	نـ
ـنـ	ـنـ	ـنـ	ـنـ	نـ	نـ	نـ	نـ
ـنـ	ـنـ	ـنـ	ـنـ	نـ	نـ	نـ	نـ

Übung 27

Isolierte Position				Endposition			
ه				ـه			
ه	ه	ه	ه	ـه	ـه	ـه	ـه
ه	ه	ه	ه	ـه	ـه	ـه	ـه
ه	ه	ه	ه	ـه	ـه	ـه	ـه
ه	ه	ه	ه	ـه	ـه	ـه	ـه
ه	ه	ه	ه	ـه	ـه	ـه	ـه
ه	ه	ه	ه	ـه	ـه	ـه	ـه
ه	ه	ه	ه	ـه	ـه	ـه	ـه

ه (*hā›*)

Mittelposition				Anfangsposition			
ـهـ				هـ			
ـهـ	ـهـ	ـهـ	ـهـ	هـ	هـ	هـ	هـ
ـهـ	ـهـ	ـهـ	ـهـ	هـ	هـ	هـ	هـ
ـهـ	ـهـ	ـهـ	ـهـ	هـ	هـ	هـ	هـ
ـهـ	ـهـ	ـهـ	ـهـ	هـ	هـ	هـ	هـ
ـهـ	ـهـ	ـهـ	ـهـ	هـ	هـ	هـ	هـ
ـهـ	ـهـ	ـهـ	ـهـ	هـ	هـ	هـ	هـ
ـهـ	ـهـ	ـهـ	ـهـ	هـ	هـ	هـ	هـ

Übung 28

Isolierte Position / Anfangsposition				Mittel- / Endposition			
و				ـو			
و	و	و	و	ـو	ـو	ـو	ـو
و	و	و	و	ـو	ـو	ـو	ـو
و	و	و	و	ـو	ـو	ـو	ـو
و	و	و	و	ـو	ـو	ـو	ـو
و	و	و	و	ـو	ـو	ـو	ـو
و	و	و	و	ـو	ـو	ـو	ـو
و	و	و	و	ـو	ـو	ـو	ـو

و (*wāw*) und و (*wāw*) mit ء (*hamza*)

Isolierte Position / Anfangsposition				Mittel- / Endposition			
ؤ				ـؤ			
ؤ	ؤ	ؤ	ؤ	ـؤ	ـؤ	ـؤ	ـؤ
ؤ	ؤ	ؤ	ؤ	ـؤ	ـؤ	ـؤ	ـؤ
ؤ	ؤ	ؤ	ؤ	ـؤ	ـؤ	ـؤ	ـؤ
ؤ	ؤ	ؤ	ؤ	ـؤ	ـؤ	ـؤ	ـؤ
ؤ	ؤ	ؤ	ؤ	ـؤ	ـؤ	ـؤ	ـؤ
ؤ	ؤ	ؤ	ؤ	ـؤ	ـؤ	ـؤ	ـؤ
ؤ	ؤ	ؤ	ؤ	ـؤ	ـؤ	ـؤ	ـؤ

Übung 29a

Isolierte Position				Endposition			
ي				ـي			
ي	ي	ي	ي	ـي	ـي	ـي	ـي
ي	ي	ي	ي	ـي	ـي	ـي	ـي
ي	ي	ي	ي	ـي	ـي	ـي	ـي
ي	ي	ي	ي	ـي	ـي	ـي	ـي
ي	ي	ي	ي	ـي	ـي	ـي	ـي
ي	ي	ي	ي	ـي	ـي	ـي	ـي
ي	ي	ي	ي	ـي	ـي	ـي	ـي

ي (*yāʾ*)

Mittelposition				Anfangsposition			
ـيـ				يـ			
ـيـ	ـيـ	ـيـ	ـيـ	يـ	يـ	يـ	يـ
ـيـ	ـيـ	ـيـ	ـيـ	يـ	يـ	يـ	يـ
ـيـ	ـيـ	ـيـ	ـيـ	يـ	يـ	يـ	يـ
ـيـ	ـيـ	ـيـ	ـيـ	يـ	يـ	يـ	يـ
ـيـ	ـيـ	ـيـ	ـيـ	يـ	يـ	يـ	يـ
ـيـ	ـيـ	ـيـ	ـيـ	يـ	يـ	يـ	يـ
ـيـ	ـيـ	ـيـ	ـيـ	يـ	يـ	يـ	يـ

Übung 29b

Isolierte Position				Endposition			
ئ				ـئ			
ئ	ئ	ئ	ئ	ـئ	ـئ	ـئ	ـئ
ئ	ئ	ئ	ئ	ـئ	ـئ	ـئ	ـئ
ئ	ئ	ئ	ئ	ـئ	ـئ	ـئ	ـئ
ئ	ئ	ئ	ئ	ـئ	ـئ	ـئ	ـئ
ئ	ئ	ئ	ئ	ـئ	ـئ	ـئ	ـئ
ئ	ئ	ئ	ئ	ـئ	ـئ	ـئ	ـئ
ئ	ئ	ئ	ئ	ـئ	ـئ	ـئ	ـئ

ي (*yāʾ*) mit ء (*hamza*)

Mittelposition				Anfangsposition			
ـئـ				ئـ			
ـئـ	ـئـ	ـئـ	ـئـ	ئـ	ئـ	ئـ	ئـ
ـئـ	ـئـ	ـئـ	ـئـ	ئـ	ئـ	ئـ	ئـ
ـئـ	ـئـ	ـئـ	ـئـ	ئـ	ئـ	ئـ	ئـ
ـئـ	ـئـ	ـئـ	ـئـ	ئـ	ئـ	ئـ	ئـ
ـئـ	ـئـ	ـئـ	ـئـ	ئـ	ئـ	ئـ	ئـ
ـئـ	ـئـ	ـئـ	ـئـ	ئـ	ئـ	ئـ	ئـ
ـئـ	ـئـ	ـئـ	ـئـ	ئـ	ئـ	ئـ	ئـ

Übung 30a

كُلُّ		كَلِم	
كُلُّ	كُلُّ	كَلِم	كَلِم
كُلُّ	كُلُّ	كَلِم	كَلِم
كُلُّ	كُلُّ	كَلِم	كَلِم
كُلُّ	كُلُّ	كَلِم	كَلِم
كُلُّ	كُلُّ	كَلِم	كَلِم
كُلُّ	كُلُّ	كَلِم	كَلِم
كُلُّ	كُلُّ	كَلِم	كَلِم

Komplexübungen für die Buchstaben von ك (*kāf*) bis ي (*yā›*)

كَوَل		كَيّ	
كَوَل	كَوَل	كَيّ	كَيّ
كَوَل	كَوَل	كَيّ	كَيّ
كَوَل	كَوَل	كَيّ	كَيّ
كَوَل	كَوَل	كَيّ	كَيّ
كَوَل	كَوَل	كَيّ	كَيّ
كَوَل	كَوَل	كَيّ	كَيّ
كَوَل	كَوَل	كَيّ	كَيّ

Schriftübungen

Übung 30b

كَيْل		لَك	
كَيْل	كَيْل	لَك	لَك
كَيْل	كَيْل	لَك	لَك
كَيْل	كَيْل	لَك	لَك
كَيْل	كَيْل	لَك	لَك
كَيْل	كَيْل	لَك	لَك
كَيْل	كَيْل	لَك	لَك
كَيْل	كَيْل	لَك	لَك

Komplexübungen für die Buchstaben von ك (*kāf*) bis ي (*yā›*)

لَكَمَ		لَمَ	
لَكَمَ	لَكَمَ	لَمَ	لَمَ
لَكَمَ	لَكَمَ	لَمَ	لَمَ
لَكَمَ	لَكَمَ	لَمَ	لَمَ
لَكَمَ	لَكَمَ	لَمَ	لَمَ
لَكَمَ	لَكَمَ	لَمَ	لَمَ
لَكَمَ	لَكَمَ	لَمَ	لَمَ
لَكَمَ	لَكَمَ	لَمَ	لَمَ

Schriftübungen

Übung 30c

لَمْلَمَ		لَنَ	
لَمْلَمَ	لَمْلَمَ	لَنَ	لَنَ
لَمْلَمَ	لَمْلَمَ	لَنَ	لَنَ
لَمْلَمَ	لَمْلَمَ	لَنَ	لَنَ
لَمْلَمَ	لَمْلَمَ	لَنَ	لَنَ
لَمْلَمَ	لَمْلَمَ	لَنَ	لَنَ
لَمْلَمَ	لَمْلَمَ	لَنَ	لَنَ
لَمْلَمَ	لَمْلَمَ	لَنَ	لَنَ

Komplexübungen für die Buchstaben von ك (*kāf*) bis ي (*yā›*)

لَهُم		لَهُنَّ	
لَهُم	لَهُم	لَهُنَّ	لَهُنَّ
لَهُم	لَهُم	لَهُنَّ	لَهُنَّ
لَهُم	لَهُم	لَهُنَّ	لَهُنَّ
لَهُم	لَهُم	لَهُنَّ	لَهُنَّ
لَهُم	لَهُم	لَهُنَّ	لَهُنَّ
لَهُم	لَهُم	لَهُنَّ	لَهُنَّ
لَهُم	لَهُم	لَهُنَّ	لَهُنَّ

Übung 30d

لَو		لِي	
لَو	لَو	لِي	لِي
لَو	لَو	لِي	لِي
لَو	لَو	لِي	لِي
لَو	لَو	لِي	لِي
لَو	لَو	لِي	لِي
لَو	لَو	لِي	لِي
لَو	لَو	لِي	لِي

Komplexübungen für die Buchstaben von ك (*kāf*) bis ي (*yā›*)

مَكِّيّ		مَلَّ	
مَكِّيّ	مَكِّيّ	مَلَّ	مَلَّ
مَكِّيّ	مَكِّيّ	مَلَّ	مَلَّ
مَكِّيّ	مَكِّيّ	مَلَّ	مَلَّ
مَكِّيّ	مَكِّيّ	مَلَّ	مَلَّ
مَكِّيّ	مَكِّيّ	مَلَّ	مَلَّ
مَكِّيّ	مَكِّيّ	مَلَّ	مَلَّ
مَكِّيّ	مَكِّيّ	مَلَّ	مَلَّ

Übung 30e

مَلِك		مَلَكَهُ	
مَلِك	مَلِك	مَلَكَهُ	مَلَكَهُ
مَلِك	مَلِك	مَلَكَهُ	مَلَكَهُ
مَلِك	مَلِك	مَلَكَهُ	مَلَكَهُ
مَلِك	مَلِك	مَلَكَهُ	مَلَكَهُ
مَلِك	مَلِك	مَلَكَهُ	مَلَكَهُ
مَلِك	مَلِك	مَلَكَهُ	مَلَكَهُ
مَلِك	مَلِك	مَلَكَهُ	مَلَكَهُ

Komplexübungen für die Buchstaben von ك (*kāf*) bis ي (*yā›*)

مَلَكِي		مِن	
مَلَكِي	مَلَكِي	مِن	مِن
مَلَكِي	مَلَكِي	مِن	مِن
مَلَكِي	مَلَكِي	مِن	مِن
مَلَكِي	مَلَكِي	مِن	مِن
مَلَكِي	مَلَكِي	مِن	مِن
مَلَكِي	مَلَكِي	مِن	مِن
مَلَكِي	مَلَكِي	مِن	مِن

Übung 30f

مُنِيَ		نَكَلَ	
مُنِيَ	مُنِيَ	نَكَلَ	نَكَلَ
مُنِيَ	مُنِيَ	نَكَلَ	نَكَلَ
مُنِيَ	مُنِيَ	نَكَلَ	نَكَلَ
مُنِيَ	مُنِيَ	نَكَلَ	نَكَلَ
مُنِيَ	مُنِيَ	نَكَلَ	نَكَلَ
مُنِيَ	مُنِيَ	نَكَلَ	نَكَلَ
مُنِيَ	مُنِيَ	نَكَلَ	نَكَلَ

Komplexübungen für die Buchstaben von ك (*kāf*) bis ي (*yā›*)

نَكَه		نَهْوِي	
نَكَه	نَكَه	نَهْوِي	نَهْوِي
نَكَه	نَكَه	نَهْوِي	نَهْوِي
نَكَه	نَكَه	نَهْوِي	نَهْوِي
نَكَه	نَكَه	نَهْوِي	نَهْوِي
نَكَه	نَكَه	نَهْوِي	نَهْوِي
نَكَه	نَكَه	نَهْوِي	نَهْوِي
نَكَه	نَكَه	نَهْوِي	نَهْوِي

Schriftübungen

Übung 30g

نَوَل		نِيل	
نَوَل	نَوَل	نِيل	نِيل
نَوَل	نَوَل	نِيل	نِيل
نَوَل	نَوَل	نِيل	نِيل
نَوَل	نَوَل	نِيل	نِيل
نَوَل	نَوَل	نِيل	نِيل
نَوَل	نَوَل	نِيل	نِيل
نَوَل	نَوَل	نِيل	نِيل

Komplexübungen für die Buchstaben von ك (*kāf*) bis ي (*yā›*)

وَكِيلِي		وَهَنَ	
وَكِيلِي	وَكِيلِي	وَهَنَ	وَهَنَ
وَكِيلِي	وَكِيلِي	وَهَنَ	وَهَنَ
وَكِيلِي	وَكِيلِي	وَهَنَ	وَهَنَ
وَكِيلِي	وَكِيلِي	وَهَنَ	وَهَنَ
وَكِيلِي	وَكِيلِي	وَهَنَ	وَهَنَ
وَكِيلِي	وَكِيلِي	وَهَنَ	وَهَنَ
وَكِيلِي	وَكِيلِي	وَهَنَ	وَهَنَ

Übung 31

Alle Positionen

ع

ع	ع	ع	ع
ع	ع	ع	ع
ع	ع	ع	ع
ع	ع	ع	ع
ع	ع	ع	ع
ع	ع	ع	ع
ع	ع	ع	ع

ء (*hamza*) und ة (*tāʾ-marbūṭa*)

Isolierte Position				Endposition			
ة				ـة			
ة	ة	ة	ة	ـة	ـة	ـة	ـة
ة	ة	ة	ة	ـة	ـة	ـة	ـة
ة	ة	ة	ة	ـة	ـة	ـة	ـة
ة	ة	ة	ة	ـة	ـة	ـة	ـة
ة	ة	ة	ة	ـة	ـة	ـة	ـة
ة	ة	ة	ة	ـة	ـة	ـة	ـة
ة	ة	ة	ة	ـة	ـة	ـة	ـة

Übung 32a

Isolierte Position / Anfangsposition				Mittel- / Endposition			
لا				ـلا			
لا	لا	لا	لا	ـلا	ـلا	ـلا	ـلا
لا	لا	لا	لا	ـلا	ـلا	ـلا	ـلا
لا	لا	لا	لا	ـلا	ـلا	ـلا	ـلا
لا	لا	لا	لا	ـلا	ـلا	ـلا	ـلا
لا	لا	لا	لا	ـلا	ـلا	ـلا	ـلا
لا	لا	لا	لا	ـلا	ـلا	ـلا	ـلا
لا	لا	لا	لا	ـلا	ـلا	ـلا	ـلا

لآ (*lām* + *alif*) ohne ء (*hamza*) und لآ (*lām* + *alif*) mit *madda*

Isolierte Position / Anfangsposition				Mittel- / Endposition			
لآ				ـلآ			
لآ	لآ	لآ	لآ	ـلآ	ـلآ	ـلآ	ـلآ
لآ	لآ	لآ	لآ	ـلآ	ـلآ	ـلآ	ـلآ
لآ	لآ	لآ	لآ	ـلآ	ـلآ	ـلآ	ـلآ
لآ	لآ	لآ	لآ	ـلآ	ـلآ	ـلآ	ـلآ
لآ	لآ	لآ	لآ	ـلآ	ـلآ	ـلآ	ـلآ
لآ	لآ	لآ	لآ	ـلآ	ـلآ	ـلآ	ـلآ
لآ	لآ	لآ	لآ	ـلآ	ـلآ	ـلآ	ـلآ

Übung 32b

Isolierte Position / Anfangsposition	Mittel- / Endposition
لأ	ـلأ

لأ	لأ	لأ	لأ	ـلأ	ـلأ	ـلأ	ـلأ
لأ	لأ	لأ	لأ	ـلأ	ـلأ	ـلأ	ـلأ
لأ	لأ	لأ	لأ	ـلأ	ـلأ	ـلأ	ـلأ
لأ	لأ	لأ	لأ	ـلأ	ـلأ	ـلأ	ـلأ
لأ	لأ	لأ	لأ	ـلأ	ـلأ	ـلأ	ـلأ
لأ	لأ	لأ	لأ	ـلأ	ـلأ	ـلأ	ـلأ
لأ	لأ	لأ	لأ	ـلأ	ـلأ	ـلأ	ـلأ

لا (*lām* + *alif*) mit ء (*hamza*)

Isolierte Position / Anfangsposition				Mittel- / Endposition			
إلا				ـلإ			
لإ	لإ	لإ	لإ	ـلإ	ـلإ	ـلإ	ـلإ
لإ	لإ	لإ	لإ	ـلإ	ـلإ	ـلإ	ـلإ
لإ	لإ	لإ	لإ	ـلإ	ـلإ	ـلإ	ـلإ
لإ	لإ	لإ	لإ	ـلإ	ـلإ	ـلإ	ـلإ
لإ	لإ	لإ	لإ	ـلإ	ـلإ	ـلإ	ـلإ
لإ	لإ	لإ	لإ	ـلإ	ـلإ	ـلإ	ـلإ
لإ	لإ	لإ	لإ	ـلإ	ـلإ	ـلإ	ـلإ

Übung 33

Isolierte Position				Endposition			
ى				ـى			
ى	ى	ى	ى	ـى	ـى	ـى	ـى
ى	ى	ى	ى	ـى	ـى	ـى	ـى
ى	ى	ى	ى	ـى	ـى	ـى	ـى
ى	ى	ى	ى	ـى	ـى	ـى	ـى
ى	ى	ى	ى	ـى	ـى	ـى	ـى
ى	ى	ى	ى	ـى	ـى	ـى	ـى
ى	ى	ى	ى	ـى	ـى	ـى	ـى

ى (*alif maqṣūrā* / „Enten-*alif*“) und die Hindiziffern von ٠ (0) bis ١ (1)

Die Ziffer 0				Die Ziffer 1			
٠				١			
٠	٠	٠	٠	١	١	١	١
٠	٠	٠	٠	١	١	١	١
٠	٠	٠	٠	١	١	١	١
٠	٠	٠	٠	١	١	١	١
٠	٠	٠	٠	١	١	١	١
٠	٠	٠	٠	١	١	١	١
٠	٠	٠	٠	١	١	١	١

Übung 34

Die Ziffer 2				Die Ziffer 3			
٢				٣			
٢	٢	٢	٢	٣	٣	٣	٣
٢	٢	٢	٢	٣	٣	٣	٣
٢	٢	٢	٢	٣	٣	٣	٣
٢	٢	٢	٢	٣	٣	٣	٣
٢	٢	٢	٢	٣	٣	٣	٣
٢	٢	٢	٢	٣	٣	٣	٣
٢	٢	٢	٢	٣	٣	٣	٣

Die Hindiziffern von ٢ (2) bis ٥ (5)

Die Ziffer 4				Die Ziffer 5			
٤				٥			
٤	٤	٤	٤	٥	٥	٥	٥
٤	٤	٤	٤	٥	٥	٥	٥
٤	٤	٤	٤	٥	٥	٥	٥
٤	٤	٤	٤	٥	٥	٥	٥
٤	٤	٤	٤	٥	٥	٥	٥
٤	٤	٤	٤	٥	٥	٥	٥
٤	٤	٤	٤	٥	٥	٥	٥

Übung 35

Die Ziffer 6				Die Ziffer 7			
٦				٧			
٦	٦	٦	٦	٧	٧	٧	٧
٦	٦	٦	٦	٧	٧	٧	٧
٦	٦	٦	٦	٧	٧	٧	٧
٦	٦	٦	٦	٧	٧	٧	٧
٦	٦	٦	٦	٧	٧	٧	٧
٦	٦	٦	٦	٧	٧	٧	٧
٦	٦	٦	٦	٧	٧	٧	٧

Die Hindiziffern von ٦ (6) bis ٩ (9)

Die Ziffer 8 ٨				Die Ziffer 9 ٩			
٨	٨	٨	٨	٩	٩	٩	٩
٨	٨	٨	٨	٩	٩	٩	٩
٨	٨	٨	٨	٩	٩	٩	٩
٨	٨	٨	٨	٩	٩	٩	٩
٨	٨	٨	٨	٩	٩	٩	٩
٨	٨	٨	٨	٩	٩	٩	٩
٨	٨	٨	٨	٩	٩	٩	٩

C.) Anhang

I.) Gängige Ligaturen (Buchstabenverschmelzungen)

An dieser Stelle sollen einige zusätzliche *Ligaturen* (Verschmelzungen von mehreren Buchstaben in ein neues Zeichen) angeführt werden, deren aktive Beherrschung nicht notwendig ist, deren passive Kenntnis jedoch auch im alltäglichen Umgang mit der heutigen arabischen Schrift von Vorteil ist.

Kombination		Form der Ligatur bei folgenden Stellungen*			
arabisch	**Umschrift**	**Isoliert**	**Ende**	**Mitte**	**Anfang**
ب + ج	*b + ǧ*				بجـ
ب + ح	*b + ḥ*				بحـ
ب + خ	*b + ḫ*				بخـ
ب + ر	*b + r*		ـبر	ـبر	
ب + م	*b + m*	بم			بمـ
ب + ن	*b + n*		ـبن		
ب + ه	*b + h*				بهـ
ب + ي	*b + y*	بي	ـبي		
ب + ى	*b + ā*	بى	ـبى		
ت + ج	*t + ǧ*				تجـ
ت + ح	*t + ḥ*				تحـ
ت + خ	*t + ḫ*				تخـ
ت + م	*t + m*	تم			تمـ
ت + ن	*t + n*		ـتن		
ت + ه	*t + h*				تهـ
ت + ي	*t + y*	تي	ـتي		

* Da die meisten Ligaturen nur für bestimmte Positionen im Wort üblich sind, werden sie nur für diese angegeben. Freie Plätze in dieser Tabelle bedeuten, daß die entsprechende Buchstabenkombination in der Position keine gängige Ligatur zu bilden pflegt.

ى + ت	*t + ā*		ـتى		
م + ث	*ṯ + m*	ثم			ثمـ
م + ج	*ǧ + m*				جمـ
م + ح	*ḥ + m*				حمـ
م + خ	*ḫ + m*				خمـ
م + س	*s + m*				سمـ
م + ش	*š + m*				شمـ
ي + ف	*f + y*	في			
ى + ف	*f + ā*	فى			
ا + ل	*l + ā (a)*	لا	ـلا	ـلا	لا
ج + ل	*l + ǧ*	لج			لجـ
ح + ل	*l + ḥ*	لح			لح
خ + ل	*l + ḫ*	لخ			لخـ
م + ل	*l + m*	لم			لمـ
ه + ل	*l + h*				لهـ
ي + ل	*l + y*	لي			
ى + ل	*l + ā*	لى			
ج + م	*m + ǧ*				مجـ
ح + م	*m + ḥ*				محـ
خ + م	*m + ḫ*				مخـ
م + م	*m + m*				ممـ
ج + ن	*n + ǧ*				نجـ
ح + ن	*n + ḥ*				نحـ
خ + ن	*n + ḫ*				نخـ
م + ن	*n + m*	نم			نمـ
ه + ن	*n + h*				نهـ
ي + ن	*n + y*	ني	ـني		
ى + ن	*n + ā*	نى	ـنى		
م + ه	*h + m*				همـ

ج + ي	$y + ǧ$				يجـ
ح + ي	$y + ḥ$				يحـ
خ + ي	$y + ḫ$				يخـ
ر + ي	$y + r$		ـير	ـير	
م + ي	$y + m$	يم			يمـ
ن + ي	$y + n$		ـين		
ى + ي	$y + ā$	يى	ـيى		

II.) Die orthographischen Regeln in bezug auf das ء (*hamza*)

Bei der Verwendung des ء (*hamza*) stellt sich im Rahmen der arabischen Orthographie (Rechtschreibung) grundsätzlich die Frage, ob das ء (*hamza*) einen Trägerbuchstaben erhält oder nicht und welcher Buchstabe eventuell hierfür benutzt wird. Zur aktiven Beherrschung dieses Aspektes der arabischen Orthographie muß das diesbezügliche Regelwerk gekannt werden.*

Zunächst muß hierbei die Position des ء (*hamza*) im Wort, nämlich ob es sich in der Anfangs-, Mittel- oder Endposition des Wortes befindet, beachtet werden, da für jede dieser drei Möglichkeiten verschiedene Regeln zur Anwendung kommen.

a) Das ء (*hamza*) in der Anfangsposition

Grundsätzlich erhält ein ء (*hamza*) in der Anfangsposition ein ا (*alif*) als Trägerbuchstaben. Dieses bleibt hierbei auch erhalten, wenn das Wort mit einer Präposition verbunden wird.

* Allerdings können hierbei auch Variationen im Detail vorkommen, da seit dem Mittelalter die wissenschaftlichen Auseinandersetzungen mit der arabischen Sprache in verschiedenen über den ganzen arabischen Sprachraum verteilten Schulen mit ihren jeweils eigenen Traditionen erfolgten, von denen einige wenige überregionale Bedeutung erlangten, aber niemals eine sich gegen alle anderen durchsetzen konnte.

Zusätzlich greifen noch einige lautgesetzliche Regeln. So werden zwei aufeinanderfolgende ء (*hamza*) mit dazwischenliegendem Kurzvokal unter Längung des Vokals zu einem einzigen zusammengezogen, es sei denn das zweite ء (*hamza*) ist ebenfalls ein Vokalträger.
Zusätzlich werden auch zwei aufeinanderfolgende ا (*alif*) zu einem *alif* mit *madda* (آ) zusammengezogen, wenn allein das erste von beiden ein ء (*hamza*) trägt.
Folgt hingegen ein ء (*hamza*) auf ein ا (*alif*) mit *hamzat waṣl* (Verbindungs-*hamza*), so bleiben sowohl das ا (*alif*) als auch das ء (*hamza*) getrennt erhalten. Für das ء (*hamza*) gelten dann die Regeln für die Schreibung in der Mittelstellung, die besagen, daß ein vokalloses ء (*hamza*) immer den zum vorangehenden Vokal passenden Trägerbuchstaben erhält.

›a + › > *›ā* – آ	*›u* + › > *›ū* – أُو	*›i* + › > *›ī* – إِي
›a + *a* > *›ā* – آ		
	u + › > *u›* – أُؤْ	*i* + › > *i›* – إِئْ

b) Das ء (*hamza*) in der Mittelposition

Bei einem ء (*hamza*) in der Mittelstellung kommt es auf die Vokalisation des vorangehenden Konsonanten und der des ء (*hamza*) an.
Trägt nur einer der beiden relevanten Konsonanten einen Vokal, so bestimmt dieser den Träger. Nur wenn dem ء (*hamza*) geht ein vokalloses ي (*yā›*) vorangeht, so muß der Träger des ء (*hamza*) ebenfalls ein ي (*yā›*) sein.
Sind beide relevanten Konsonanten vokalisiert, so bindet ein *i* stärker als ein *u* und beide stärker als ein *a*. Folgt hierbei dem ء (*hamza*) ein langer Vokal, so wird der tragende Halbvolkal zusätzlich ausgeschrieben, außer es folgt ein ا (*alif*) auf ein ا (*alif*) mit ء (*hamza*). Diese beiden werden dann wie am Wortanfang zu einem *alif* mit *madda* (آ) zusammengezogen.
Schließlich steht ein mit einem *a*-Laut vokalisiertes ء (*hamza*) nach einem langen *ā* oder *ū* immer allein ohne Trägerbuchstaben da.

Ka›K → ـأْـ	*Ku›K* → ـؤْـ	*Ki›K* → ـئْـ
K›aK → ـْأَـ	*K›uK* → ـْؤُـ	*K›iK* → ـْئِـ
y›aK → ـيْئَـ		
Ka›aK → ـَأَـ		*Ku›aK* → ـُؤَـ
Ki›aK → ـِئَـ	*Ka›iK* → ـَئِـ	*Ku›iK* → ـُئِـ
Ka›āK → ـآ	*Ku›āK* → ـُؤَا	
Kā›aK → ـاءَ	*Kā›āK* → ـاءَا	*Kū›aK* → ـوءَ
Kā›aK → ـاءَة		*Kū›aK* → ـوءَة

Ein ء (*hamza*) kann, ob alleinstehend oder mit Trägerbuchstaben, grundsätzlich verdoppelt werden.

c) Das ء (*hamza*) in der Endposition

Grundsätzlich orientiert sich ein *hamza* (ء) in der Endstellung, das nach einem Kurzvokal steht, in bezug auf seinen Trägerbuchstaben an diesem. Steht es hingegen nach einem vokallosem Konsonanten oder einem Langvokal so wird es ohne Trägerbuchstaben verwendet.

Besondere Regeln bestehen für den indeterminierten Akkusativ und Adverbialformen. Hier entfällt das ا (*alif*) für die Nunationsendung, wenn das ء (*hamza*) bereits ein ا (*alif*) als Träger hat oder einem alleinstehenden ء (*hamza*) ein ا (*alif*) direkt voransteht. Erhalten bleibt das ا (*alif*) der Nunationsendung in allen anderen Fällen.

Ka› → ـأْ	*Ka›a* → ـأَ	*Ka›u* → ـأُ
K›u → ـْءُ		
Kā›u → ـاءُ	*Kū›u* → ـوءُ	*Kī›u* → ـِيءُ
Ka›an → ـأً	*Kā›an* → ـاءً	
-›an → ءًا	*-y›an* → ـيْئًا	

Werden an ein ء (*hamza*) in Endstellung Suffixe bzw. Endungen angehängt, wozu auch durch ء (*hamza*) eingeleitete Langvokale gehören, nimmt es eine Mittelstellung ein und wird dementsprechend auch wie ein ء (*hamza*) in Mittelstellung behandelt.

III.) Zusätzliche Buchstaben für nichtarabische Namen

Zur Schreibung nichtarabischer Namen mit Konsonanten ohne Entsprechung im traditionellen arabischen Alphabet (wie z.B. dem *p*) werden neben den 28 regulären Buchstaben bisweilen noch weitere Sonderbuchstaben verwendet.

Es handelt sich hierbei im arabischen Alltagsgebrauch allerdings nicht um die bevorzugte Methode. Denn in der Regel werden auch ins Arabische übernommene Fremdwörter an den arabischen Lautbestand angepaßt und ausländische Eigennamen oft umgeformt (z.B.: *Peter* → *Bīṭar*). Hauptsächlich werden diese Zusatzzeichen benutzt, um in der globalisierten Welt, die auch vor den arabischen Ländern nicht haltmacht, Markennamen lautlich exakt widergeben zu können (z.B. ڤيتيل für die Getränkemarke *Vittel*), wobei allerdings nicht alle diesem Trend folgen (z.B. بيبسي für die Getränkemarke *Pepsi*). Gelegentlich werden diese Zusatzzeichen auch in wissenschaftlichen Werken zwecks exakterer Widergabe nichtarabischer Begriffe verwendet.

Da das arabische Alphabet für etliche Sprachen aus vollkommen verschiedenen Sprachfamilien mit vollkommen verschiedenen Repertoires an Lautwerten benutzt wird bzw. zumindest zeitweise verwendet wurde, ist die Anzahl der mit den Jahrhunderten entwickelten Zusatzzeichen immens. Jedoch handelt es sich hierbei sehr häufig um äußerst exotische Lautwerte, die nur in einzelnen exotischen Sprachen vorkommen und deswegen in der arabischen Welt praktisch niemals gebraucht werden. Lediglich eine kleine Gruppe von Zeichen, die Lautwerten in wichtigen europäischen Sprachen ohne arabischer Entsprechung entspricht, findet häufiger Verwendung:

Name	Trans-literation	Form des Buchstabens bei folgenden Stellungen Isoliert	Ende	Mitte	Anfang	Mögliche Ersatz-buchstaben
pā›	*p*	پ	ـپ	ـپـ	پـ	ب
čīm	*č*	چ	ـچ	ـچـ	چـ	ج
normal stimmloses *tsch* (wie im persischen Alphabet), gelegentlich aber als stimmhaftes *sch* wie im französischen Wort *journal* oder in Lexika und wissenschaftlichen Publikationen als *g*, in Ägypten auch als Ersatz für als als *g* ausgesprochene ج (*ğīm*); die genaue Aussprache leite man am besten vom Fremdwort selber ab						
žā›	*ž*	ژ	ـژ	ـژ*	ژ*	
stimmhaftes *sch* wie im französischen Wort *journal*						
gain	*g*	غ	ـغ	ـغـ	غـ	غ
vā›	*v*	ڤ	ـڤ	ـڤـ	ڤـ	و \ ف
entspricht dem deutschen vollkonsonantischen *w* bzw. dem *v* im Englischen						
gāf	*g*	گ	ـگ	ـگـ	گـ	غ

* Diese Buchstaben können nur nach rechts verbunden werden. Folgt innerhalb desselben Wortes ein weiterer Buchstabe, so muß der folgende in seiner Form für die Anfangsstellung bzw. isolierte Stellung angereiht werden, ohne daß beide Buchstaben miteinander verbunden werden (z.B.: ـا + بـ → ـابـ).

IV.) Die „historische“ Anordnung des Alphabets und die Zahlenwerte der Buchstaben

Neben der heute allgemein üblichen Anordnung, die in nahezu allen modernen Wort- und Namenslisten benutzt wird, der sogenannten *hiğā›ī*-Ordnung (هِجَائِي), gibt es auch die heutzutage kaum noch verwendete historische *abğadī*-Ordnung (أَبْجَدِي). Diese orientiert sich primär an der Ordnung des phönizischen Ur-Alphabets, mit der u.a. auch das hebräische und aramäische Alphabet übereinstimmen. Allerdings kommen im arabischen Alphabet einige phönizische Laute nicht vor, aber auch anders herum, da das phönizische Ur-Alphabet aus lediglich 22 Buchstaben besteht.

Eine besondere Bedeutung kommt dieser historischen Anordnung zu, indem entsprechend dieser jeder Buchstabe einen Zahlenwert erhält. Dieses vordezimale System entspricht dem gängigen der vordezimalen alphabetischen Numerierung. Den ersten zehn Buchstaben werden der Reihenfolge nach die Werte 1 bis 10 zugeteilt, den nächsten neun in Zehnerschritten die Werte 20 bis 100, dann die Hunderterwerte usw. Im heutigen Hocharabisch spielt diese Anordnung v.a. bei Aufzählungen und Gliederungen noch eine besondere Rolle.

Eine Übersicht der *abǧadī*-Ordnung und der mit den Buchstaben verbundenen Zahlenwerte soll folgende Tabelle liefern. Daneben wird eine Referenz zur Ordnung des phöizischen Ur-Alphabets und hebräisch-aramäischen Alphabets angeben. Neben der allgemein gängigen Form werden in der Anmerkungsspalte noch Abweichungen der bedeutendsten und u.U. noch älteren Alternative angegeben.

Buchstabe		**Zahlen**	**Entsprechung**		**Anmerkungen**
Name	**Zeichen**	**wert**	**phön.**	**hebr.**	
alif	ا	1	𐤀	א	
bā›	ب	2	𐤁	ב	
ǧīm	ج	3	𐤂	ג	
dāl	د	4	𐤃	ד	
hā›	ه	5	𐤄	ה	
wāw	و	6	𐤅	ו	
zain	ز	7	𐤆	ז	
ḥā›	ح	8	𐤇	ח	
ṭā›	ط	9	𐤈	ט	
yā›	ي	10	𐤉	י	
kāf	ك	20	𐤊	כ	
lām	ل	30	𐤋	ל	
mīm	م	40	𐤌	מ	

nūn	ن	50	𐤍	נ	
sīn	س	60	statt dem phönizischen 𐤎 / hebräischen ס (für *s*), aus dem sich historisch kein arabischer Buchstabe ableitet		nach abweichender Ordnung: ص
‹ain	ع	70	𐤏	ע	
fā›	ف	80	𐤐	פ	
ṣād	ص	90	𐤑	צ	Originalzeichen für Lautwerte *ts* und *ṣ*; nach abweichender Ordnung: ض
qāf	ق	100	𐤒	ק	
rā›	ر	200	𐤓	ר	
šīn	ش	300	𐤔	ש	Originalzeichen für Lautwerte *s* und *š*; nach abweichender Ordnung: س
tā›	ت	400	𐤕	ת	
ṯā›	ث	500	verbleibende Buchstaben des arabischen Alphabets werden nach gängiger Ordnung hinzugefügt		
ḫā›	خ	600			
ḏāl	ذ	700			
ḍād	ض	800			nach abweichender Ordnung: ظ
ẓā›	ظ	900			nach abweichender Ordnung: غ
ġain	غ	1000			nach abweichender Ordnung: ش

Aus unserem Programm

As-Sabil: Grundlagen der arabischen Verblehre

von Dr. Mohamed Badawi & Dr. Christian A. Caroli

Umfang: 367 Seiten • Format: 24 x 17 cm • ISBN 13: 978-3-938828-14-4

Preis: EUR 39,95 (inkl. 7% MwSt.)

Dieser Band aus der Lehrbuchreihe beschäftigt sich im speziellen mit der Verblehre des Neuhocharabischen, einem der kompliziertesten Bereiche dieser Sprache überhaupt. Dabei soll eine systematische Übersicht geboten werden, um so dem Lernenden eine Erleichterung beim Erlernen der arabischen Sprache an die Hand zu geben. Zu diesem Zwecke beinhaltet der Band neben Tabellen zu 32 verschiedenen Verbgruppen mit Untervariationen eine ausführliche Einführung in die Grundlagen der arabischen Verblehre.

As-Sabil-Sammelbände für Kulturpluralismus

Band 1: Europa und der Islam

Hrg. von Dr. Mohamed Badawi & Dr. Christian A. Caroli

Umfang: 224 Seiten • Format: 24 x 17 cm • ISBN 13: 978-3-938828-04-5

Preis: EUR 29,99 (inkl. 7% MwSt.)

Das Buch stellt den ersten Band der thematischen Reihe „As-Sabil Sammelbände für Kulturpluralismus" dar. Ziel der Reihe ist es, anhand verschiedener Themen einen Einblick in die arabische Welt, den Islam und deren Verhältnis zu anderen Ländern und Kulturen zu geben. Die Beiträge stammen sowohl von Studierenden als auch von Lehrenden unterschiedlicher Fachrichtungen. Trotz ihrer wissenschaftlichen Ausrichtung sind die Essays allgemein verständlich und richten sich an ein breites Lesepublikum.